A PÉROLA NO MAR DA ALMA

GERENTE EDITORIAL
Roger Conovalov

IMPRESSÃO
PSI7

DIAGRAMAÇÃO
André Barbosa

REVISÃO
Alessandro de Paula

CAPA
Anael Medeiros

Primeira Edição
LURA EDITORIAL - 2022.
Rua Manoel Coelho, 500. Sala 710
São Caetano do Sul, SP – CEP 09510-111
Tel: (11) 4318-4605
www.luraeditorial.com.br
contato@luraeditorial.com.br

Dados Internacionais de Catalogação na Publicação (CIP)
(Câmara Brasileira do Livro, SP, Brasil)

Batista, Matheus Moori
A pérola no mar do alma / Matheus Moori Batista
-- 1. ed. -- Lura Editorial -- São Paulo, SP : 2022.
240p.
ISBN: 978-65-84547-84-1

1. Ficção brasileira. 2. Literatura brasileira – Romance.
3.Espiritualidade. I. Título.

CDD-869.3

Elaborada por Bibliotecária Janaina Ramos – CRB-8/9166

1. Ficção : Literatura brasileira
869.3

MATHEUS MOORI BATISTA

A PÉROLA NO MAR DA ALMA

"PERCEBEMOS A ÁGUA DOCE QUE SOMOS."

lura

SUMÁRIO

PRÓLOGO

Era uma vez... bom, todos nós conhecemos esta história, não é? Nós a ouvimos desde crianças. Pra falar a verdade, nós a ouvimos desde o início dos tempos. Não importa o quão jovem ou velho você seja, sempre desejará ouvi-la mais uma vez. É uma história tão profunda na alma da humanidade que sempre se repetiu, e se repetirá enquanto houver anseio de ouvi-la.

É aquela história de um lugar sem nada de especial, onde vivem pessoas comuns, pessoas honestas, pessoas de bom coração. Elas só esperam viver suas vidas em paz e só desejam o bem-estar daqueles com quem se importam. Mas essas pessoas pacíficas são frágeis e dóceis, como ratos.

De repente, surge alguém mais forte do que elas. Esse alguém as explora de todas as maneiras, simplesmente porque tem o poder para fazer isso, um verdadeiro tigre. Os ratos curvam-se e realizam todos os desejos de seu predador, pois sentem que não há outra escolha. Elas aceitam seguir com essa insuportável vida, enquanto for da vontade do tigre não piorar as coisas. Então, o tigre arranca delas o que lhes é mais sagrado: os seus entes queridos.

Os ratos passam então a torcer, orar e implorar para uma força maior que o seu tirano, pedindo para que os libertem de seu martírio, mas não vem nenhuma resposta, e o seu sofrimento segue, parecendo durar para sempre. Os ratos se perguntam: "Por que coisas ruins acontecem com pessoas boas?", "Por que a maldade tem tanto poder nesse mundo?".

Quando a esperança já acabou, finalmente a salvação aparece em um herói, forte o bastante para derrotar o tirano, mas bondoso para querer pôr fim às injustiças. Com a vitória do bem sobre o mal, as pessoas boas podem voltar a ser felizes, e serão eternamente gratas ao seu salvador — mais do que isso, ele traz de volta a fé no mundo.

Mas quem é esse herói? Para aqueles que foram salvos, ele parece perfeito. Sua mão estendida para ajudar os que mais precisam é a prova de sua compaixão, sua capacidade de proteger quem não pode se defender prova seu caráter forte, porém gentil, e sua indignação com a maldade revela o seu senso de justiça, acompanhado de coragem para impô-la. Um ser que nos inspira, ao trazer tantas virtudes consigo, ou pelo menos é assim que a história conta.

Será que esse herói se conhece tão bem quanto nós o conhecemos? Sua missão no mundo sempre lhe foi tão clara? Ele sempre esteve tão certo sobre o que o motiva? O certo e o errado nunca lhe foram nebulosos? Por que o seu poder não o corrompe? O que o tornou diferente de um rato ou de um tigre?

E por que gostamos tanto dessa história? Será porque o lugar onde ela se passa não está tão distante de nós? Será porque nós queremos um alívio para nossa injusta realidade? Ou, quem sabe, existe um pouco de cada personagem dessa história em cada um de nós, o herói, o rato e o tigre, e escolhemos qual queremos ser?

Tudo o que eu posso dizer é que me foi contado sobre esse herói uma vez, há muito tempo, que ele, com certeza, não era tão perfeito quanto qualquer contador de história poderia imaginá-lo depois. Um homem que não sabia o que fazer nessa vida ou na outra, assim como eu fiquei após ouvir sobre ele. Então, sim, vou contar essa velha história mais uma vez.

PRIMEIRA JORNADA

"Eu não quero viver minha vida de novo"

Ramones, *Pet sematary*.

1

Houvera um tempo difícil de ser lembrado nesses dias prósperos da potência mundial chamada Japão, mas aconteceu. Uma época em que isso não era uma nação, mas uma terra violentamente desmembrada em pequenos territórios cujas fronteiras sangravam constantemente em batalhas. Um mundo mergulhado em sofrimento, desastre e morte chamado *Sengoku jidai*, a era dos estados guerreiros.

Desde a invasão dos mongóis, mais de cem anos antes, o imperador do Japão delegara o seu poder a militares furiosos conhecidos como samurais. O maior dos samurais, o *xogum*, seria o mais próximo de um monarca que poderia manter o país unido, mas com a destituição do último *xogum*, os samurais suseranos independentes, autoproclamados *daimyôs* — você os chamaria de senhores feudais — cobiçavam para si as terras do próximo, descentralizando o poder e condenando a Terra do Sol Nascente a um século e meio de anarquia e obscuridade. Guerras se tornaram rotina, colheitas eram devastadas por exércitos invasores e hordas de bandoleiros e piratas aproveitavam a ausência de lei para espalhar o medo. Em um mundo guiado pelo caos e pela força, a única esperança que um mortal podia ter era em sua habilidade com a espada.

Nessa terra esfacelada, como conta a lenda, existia um vilarejo de pescadores junto ao litoral, isolado do resto do país por uma grande floresta. Uma vila simplória que, por gerações, guardara o segredo de suas artes marciais para se defenderem de piratas vindos pelo mar. Seu líder era o bravo Kuranosuke, um ex-*ashigaru* — você conhece como soldado de infantaria — que alçara ao posto de *Ji*-samurai, um guerreiro que servia na guerra quando convocado, mas que dedicava a maior parte de sua vida a outras atividades, no caso dele, a pesca e administração da vila na qual nascera. Foi nesse lugarejo que nosso herói foi criado.

Justo na batalha em que ganhou fama, Kuranosuke perdeu seus filhos. Ele os havia treinado para a guerra desde pequenos para que o acompanhassem nas campanhas. Eram sete, sendo o mais velho um guerreiro experiente, e o mais novo pouco mais do que um menino. A família estava lutando sob a bandeira de um *daimyô* emergente que se tornaria uma peça vital na história do Japão: Lorde Oda Nobunaga. No início de cada batalha, Kuranosuke dizia aos filhos:

— A morte não é algo a se temer, pois ela é inevitável. Preocupem-se apenas se ela terá algum sentido, pois isso vocês podem decidir.

Unidos, os oito guerreiros empunhavam suas lanças e se jogavam no empurra-empurra caótico do campo de batalha. Naquele dia, o céu cinzento chorava água, e a terra lamacenta chorava sangue. Kuranosuke se embrenhou em meio às lâminas que se chocavam e avançou até se deparar com um comandante inimigo montado no cavalo. Vendo a oportunidade, o infante arremessou sua *yari*, lança, contra o cavaleiro. O inimigo desviou-se e revidou com uma flecha, que zuniu ao acertar o peitoral da armadura de Kuranosuke. Embora parcialmente ferido, o *ashigaru* se despiu da armadura, desembainhou a espada e correu na direção do cavaleiro antes que este recarregasse o arco. Aproveitando a leveza, saltou e decapitou o comandante em um corte limpo.

Debaixo dos trovões, Kuranosuke carregava orgulhosamente a valiosa cabeça ao seu lado, de volta à batalha, quando viu que sete homens vinham da direção oposta trazendo as cabeças de seus sete filhos nas pontas de suas armas. O guerreiro ficou tão furioso que deixou cair seu troféu no chão e investiu ferozmente contra os matadores de sua família, adicionando suas cabeças ao saldo daquele dia.

A força de Kuranosuke foi reconhecida dentro de seu exército e fora recompensada elevando-o à posição de samurai, ainda que de baixo escalão. O ex-infante ficou agraciado em retornar para casa montado em um cavalo, mas devastado por não saber o que diria à esposa quando esta soubesse que perderam sua linhagem. Não sabia se sua mulher aguentaria parir mais uma vez. Para um homem que começara a vida como pescador, era uma pena que ninguém herdasse os frutos dessa vitória.

Ao largo da estrada, porém, o som dos cascos foi abafado por um inconfundível choro de recém-nascido. Kuranosuke parou a montaria e desceu para investigar a origem do chamado. Não muito longe da estrada, na grama, jaziam dois corpos cravejados de flechas. Um homem e uma mulher. Embaixo da mulher encontrava-se a origem do choro. Kuranosuke retirou o pequeno bebê dos braços do cadáver e o tomou nos seus. Olhou para a criança e esboçou um leve sorriso.

Em um nascer do sol, o veterano de guerra era fervorosamente recebido em seu lar. Ao ver seu marido chegando imponente em cima do cavalo, mas sozinho, Kaede, esperando-o na entrada do vilarejo, questionou-o:

— Onde estão nossos filhos?

Kuranosuke, desmontando, retirou a aljava das costas e revelou a surpresa que dormia dentro dela. Ergueu então o bebê nos braços, para que fosse visto por todos, e falou com voz firme:

— A guerra tirou os meus filhos, mas me deu outro. Só mais um. Só ele. Eu o chamarei de Genta. Ele é o filho da guerra, o filho da morte, e não temerá nem a uma nem a outra. Bem-vindo a este mundo, Genta, filho de Kuranosuke.

Os aldeões ovacionaram alegres a anunciação do herdeiro, mas quando o líder se juntou aos homens, e deixou a criança nos braços da esposa, esta sussurrou tristemente, como se cantasse uma canção de ninar, para aquele que embalava em seus braços:

— A guerra tirou os meus filhos, e não quero que me tire outro. Só mais um. Só você. Você sobreviveu à guerra, sobreviveu à morte, e não pertence nem a uma nem a outra. Você é Genta, filho de Kaede.

Uma lágrima pingou de seus cílios e desfez-se na testa da criança, abrindo os seus inocentes olhos.

2

Ele ouvia o som das ondas se desmanchando e voltando. Sentia o cheiro da brisa salina do oceano e sentia os grãos de areia que faziam ligeiras cócegas nos pés. Um menino muito pequeno caminhava pela praia enquanto o sol se punha. Ignorava a imensidão do horizonte e a luz dourada que se acentuava à medida que desaparecia. Seus olhos focavam mais na areia molhada em que seus pés pisavam. Encontrar as coisas pequenas, às vezes, era mais interessante do que contemplar algo grande. E enfim ele achou.

Da areia, uma coisinha minúscula abria seu caminho para a superfície. Era uma tartaruguinha, cujo ovo acabara de rachar. Ela escavava os grãos de areia com suas barbatanas e se arrastava em direção à água. A criança viu a simpática criatura e não hesitou em pegá-la nas mãos. Imediatamente notou como a tartaruga encolheu suas nadadeiras e cabeça para dentro do casco e achou divertido. Começou a brincar com o filhote, passando o seu corpo pela areia como um cavalo de madeira, sentindo prazer com o ser encolhido. Rindo, arrastou a coisinha pela areia, para lá e para cá.

Quando o seu deleite se esvaiu um pouco, o menino pôde reparar como aquela tartaruguinha não se movia. Aproximou-a do rosto e a chacoalhou, fazendo as patinhas penderem moles para fora do casco. Ficou observando o pequeno ser em sua mão, quando uma sombra o fez olhar para cima. Ao seu lado estava um homem imponente vestido em uma armadura vermelha. Segurava o *kabuto*, capacete, adornado com uma meia-lua, debaixo de seu braço, e levava duas espadas, *katana e wakizashi*, na cintura. Seu rosto era duro como a armadura que trajava. Era seu pai, que acabara de voltar de uma guerra.

— Está morto, Genta — disse Kuranosuke ao filho.

— Morto?

Claro que ele já tinha ouvido falar da morte. Os vizinhos morriam às vezes. Mas era a primeira vez em que parava para pensar sobre isso. Ele tinha entendido que a morte era ruim porque significava que você nunca mais veria alguém, e ele achava engraçado que até as pessoas de quem ninguém sentiria falta não queriam morrer.

— Sim. Foi porque você o machucou bastante. — continuou o pai.

A palavra "machucar" pesou em Genta, que percebeu a gravidade do que tinha feito à tartaruguinha e começou a chorar. O pai franziu a testa.

— Está chorando por um animal desses?

— E-eu... — soluçou a criança. — não queria... eu não queria...

O guerreiro então aliviou suas feições duras por um instante e disse paternalmente:

— Nunca queremos na primeira vez... mas a vida é muito frágil e, se não tomarmos cuidado, ela se vai para sempre, assim como uma tartaruguinha.

— E pra onde ela foi?

— Eu não sei.

Genta ficou pensativo, assimilando as palavras do pai. Então secou as lágrimas e falou:

— Eu não quero morrer.

— Ninguém quer. — riu o pai, como se tivesse ouvido uma piada. — Mas ninguém pode evitar de morrer.

O samurai percebeu que a lua já banhava as águas do mar com sua luz. Enfim, remoeu a mandíbula e fechou novamente o rosto:

— Vamos voltar pra casa, garoto.

— Mãe, o que é a morte? — perguntava o jovem Genta ao chegar em casa. — Só acontece quando a gente se machuca?

— Não. Tudo nesse mundo nasce para morrer.

Kaede pegou uma lamparina e conduziu o filho para fora da cabana de madeira, na noite. Pelo caminho, vagalumes se aglutinavam em torno da luz branca da vela, até pararem diante de uma cerejeira, cujas belas flores vividamente rosadas se destacavam na luz em meio à escuridão.

— É linda, não é? — contemplou a mulher. O garoto balançou a cabeça concordando. Sua mãe apontou para o chão em torno da árvore:

— Vê todas aquelas flores caídas? Elas eram tão lindas quanto as que estão em cima, mas no momento certo, elas murcham e caem. Elas estão mortas. Ninguém as machucou. Foi o tempo que decidiu quando morreriam. Nós também nascemos, ficamos jovens, bonitos e fortes, então a hora chega e ficamos grisalhos e fracos e, pouco depois, morremos como as pétalas de uma *sakura*. Você quer saber o que é a morte? A morte é uma coisa que sempre virá, e o maior anunciador dela é o tempo. Ninguém escapa da morte e ninguém para o tempo.

"E ambos chegarão para você também, meu filho. O tempo pairará sobre você por toda a vida como um corvo, grasnando para lembrá-lo de que ele sempre está lá e que sua amiga, a morte, não está longe. Quando ouvi-lo bater as asas uma última vez, a morte te levará como uma ave de rapina... para sempre."

— Mãe... — recomeçou Genta. — Se tudo vai morrer, por que tem que nascer?

A mãe gesticulou novamente para a cerejeira

— As flores nascem, ficam bonitas e desfalecem. Mas quando uma flor termina sua vida, outra flor nasce e começa a sua própria, continuando o ciclo. Quando a nossa vida se encerra, nós nascemos de novo e começamos uma vida diferente. Isso se chama reencarnação.

— E voltarei a ser quem eu sou?

— Não. Quando você morre, a pessoa que você era deixa de existir para sempre. Quando você volta, se torna uma coisa diferente e não se lembra de quem foi antes.

— Quando eu morrer... — continuou decidido o garoto. — Não vou querer reencarnar.

3

A imensidão das águas refletia o céu acima delas. Não havia outra visão além dessa no horizonte há dias. E boiando sozinho nesse enorme oceano estava aquele garoto. Esse foi o começo da jornada para ele.

Quem nunca esteve em um oceano? Aquela solidão dúbia, que provoca saudades da terra firme. Ficamos nostálgicos. Enquanto nosso corpo vagueia conforme a correnteza das águas, nossa mente viaja por aquelas lembranças na terra. Que vontade de sentir os pés se apoiando no solo, pois lá as coisas ainda faziam sentido.

Ao mesmo tempo, quanta ansiedade, não é? Quando pisaremos em solo firme, se é que pisaremos de novo? Para onde as águas estão nos levando? Será que esse lugar vai ser melhor do que de onde viemos? Vai valer a pena ter esperado tanto tempo atravessando essas águas?

Quando o sol se põe, nós nos encolhemos em nossa pequena embarcação, tentando dormir, enquanto nossa mente fervilha com pensamentos nos arrastando até o passado seguro, e nossa pele coça com emoções trazidas por um futuro incerto.

Como nossos olhos ardem de insônia e lágrimas! E quanto medo dá olhar para essa imensidão! O que há embaixo da superfície? Nós chegamos até a beirada do modesto barquinho e nos atrevemos a dar uma espiadinha. Então encaramos nós mesmos refletidos na água. Será que é só isso? Como não há ninguém para conversar, nem outra coisa para ver, nos demoramos ali, contemplando aquela pessoa que é a única que nos acompanhará até o fim de nossas vidas. A única que verdadeiramente sabe tudo o que nós passamos e pensamos. Enfim, nós conhecemos quem está ali? Quando estávamos em terra firme, nos preocupávamos em conhecer e entender as várias outras personagens que passaram em nossa vida. Ainda pensamos em algumas durante nossa viagem à deriva. Mas nenhuma delas nos acompanha agora, só aquela ali.

Ainda a estamos encarando na água. Vamos nos acostumando com ela aos poucos. Tantas vezes a ignoramos, ou até a evitamos. Às vezes a odiamos e a menosprezamos, e no fim raramente a entendemos. De repente, parece haver algo mais por debaixo daquele reflexo. O que será que tem lá embaixo? Podem ser monstros marinhos, criaturas ocultas e assustadoras. Se não tomarmos cuidado, eles podem nos devorar. Que medo de entrar nesse mar! Que saudade do conforto da terra firme! Que vontade de avistar logo algum destino no horizonte!

Mas a solidão da viagem começa a revelar aspectos doces, que podem ser devidamente saboreados. A mente se organiza em uma reflexão diante do caos do oceano. Conforme você se aprofunda naquele mar, vai entendendo que o medo e a dúvida que ele transmite vieram de você, não dele. O mar é apenas o mar, você que atribuiu sentido a ele. Assim como foi você que atribuiu sentido a si mesmo. E, então, você percebe que o remo para controlar o curso de seu barco está bem ali, na sua mão, mas foi preciso olhar para o mar antes.

Agora você chafurda o remo na água e conduz sua embarcação para onde o seu instinto diz que é a direção certa. Se prestarmos muita atenção durante o percurso, veremos uma ou outra gaivota aparecer no céu e indicar a direção da terra. Você tem um curso, mas ainda não tem certeza se este curso o levará à terra firme, e nada poderá garantir isso. Essa, porém, é a definição de fé. Mesmo que ela não te garanta nada, a ausência dela torna uma jornada difícil ainda mais difícil.

Após dias e noites remando decididamente na direção que escolheu, finalmente lá está a terra. Os sons das ondas batendo na praia antecipam o fim da jornada e o seu tão esperado resultado. Uma vez que seus pés sentem a terra firme, a sensação não parece mais a mesma, pois você não é mais o mesmo. Contudo, apesar de quem você era ter ficado para trás naquele barco, você não consegue deixar de olhar para aquela imensidão de águas que se perde no horizonte. Aonde quer que continue o seu caminho em terra, nunca esquecerá aquele mar, pois ele é parte de você agora.

Assim teria sido a jornada para aquele pequeno menino, até o encontro que teve quando ela estava quase completa. Ao chegar na praia, ele era esperado por uma tartaruga marinha, que falou serenamente:

— Que bom que veio. Sua próxima vida o espera.

— Como assim? — perguntou o menino, que não sabia o que esperar do outro lado do oceano.

— Aqui é onde começa sua reencarnação — explicou pacientemente a tartaruga.

— Mas eu não queria reencarnar! — emendou enfaticamente a criança.

— Você chegou até aqui para não seguir em frente? — indagou a tartaruga.

— Não... — o menino não sabia o que responder.

— Então venha. Uma nova vida o aguarda. — Convidava gentilmente a tartaruga.

— Não! Eu não quero reencarnar! — gritou o garoto.

Então tudo sumiu. A criança se viu no meio do escuro. Depois percebeu que era a sua casa, e que estava em sua *futon*, cama-tatame. Tinha sido tudo um sonho, então?

Seu grito acordou sua mãe, que veio confortá-lo. O menino contou o que tinha acabado de sonhar e, parecendo impressionada, ela declarou:

— Está na hora de você saber a história do senhor Buda Sakyamuni.

4

Como qualquer japonês, Genta conhecia o senhor Buda, assim como diversos *kami* — que você chamaria de deuses, santos ou divindades — em uma mescla entre o budismo vindo da China e o xintoísmo nativo do Japão, mas nunca tinha se atentado à história do príncipe Sidarta Gautama, nem tido a oportunidade de se identificar tanto com ele.

Nos costumes da aldeia, a divindade mais cultuada era o *kami* Hiruko, o padroeiro dos pescadores e de qualquer outro homem que vivesse da troca e da venda. Nas pinturas e estátuas era comum ver a imagem de um senhor gordo e barbudo segurando sua vara de pescar, trazendo uma cesta cheia de peixes e com um sorriso convidativo para ilustrar a boa sorte que ele emanava, sendo ele uma das sete deidades da Fortuna. Mas era outro santo a quem a mãe de Genta queria recorrer e, para cumprir a promessa feita ao filho, nada melhor que ir até o local certo.

Desde aquela noite, o momento de fechar os olhos e dormir passou a ser, para Genta, como uma despedida do mundo. Ele se sentia amedrontado e principalmente sozinho, com a perspectiva de viver aquele impactante sonho novamente. Nem ele sabia explicar porque morte e reencarnação o deixavam tão aflito, mas o fato é que tais assuntos ocupavam sua mente noite e dia. Podia ser enquanto saboreava os pratos de algas, ou se encontrava no meio de uma luta com gravetos, ou puxando redes de pesca ou simplesmente caminhando pela praia. Em algum momento, as questões do sonho iriam atingi-lo como uma onda e apagar todo prazer que estivesse tendo.

O garoto seguia sua vida atormentado, e todos a quem trazia suas questões faziam pouco caso, afinal, a morte era a coisa mais natural da vida. Fosse velho ou novo, qualquer um podia ser atingido por uma das muitas enfermidades incuráveis, sucumbir em um terremoto ou inundação, sofrer com a fome até a inanição, ou morrer violentamente na ponta da espada de um soldado, bandido ou desafeto. Só na melhor das hipóteses você teria o luxo de ver seus cabelos se tornarem grisalhos e deixar que o tempo o levasse gentilmente. Mas essa dicotomia entre a ameaça da morte abrupta e a benevolência da morte natural não satisfazia a inquietação do pequeno Genta.

— Se vocês dizem que a morte é tão natural, por que tentam afastá-la sempre que podem? — interrogava o menino.

— Se você está com tempo de pensar nessas coisas é porque falta-lhe trabalho! — respondiam os adultos sem paciência.

Genta já tinha se acostumado com os resmungos dos adultos e suas soluções que não eram soluções, mas parecia que nunca se acostumaria com a angústia que o além-vida lhe trazia.

Para além da floresta em torno do vilarejo existia uma escadaria que levava a um templo budista. Kaede se preparara muito para fazer a travessia entre as árvores, tomando as devidas precauções. Aquela floresta era envolta em lendas e mistério. Não se sabe se os próprios aldeões tinham inventado tais lendas para manter os forasteiros longe, ou se eram apenas estórias que as mães contavam para desencorajar as crianças de se aventurarem sozinhas, mas o fato é que a verdade fora esquecida após tantas gerações e somente os habitantes mais corajosos da vila se arriscavam entre aquelas árvores.

Mas mesmo viajantes bravos, como Kuranosuke e Kaede, só ousavam seguir por uma trilha específica que cortava a floresta. Dizia-se que a trilha era sagrada, pois em seu final estava o santuário budista. A bênção manteria os maus espíritos afastados de quem não saísse do trajeto. Ainda assim, Kaede levara consigo sementes de ervilhas secas, que jogava nas quatro direções para garantir a proteção deles conforme prosseguia a viagem. A mãe de Genta cavalgou com o filho até o templo e subiram a escadaria branca que terminava em um grande portão vermelho ladeado por cerejeiras coloridas. Genta pôde ouvir o som de um pesado sino tocando. Sua mãe o levou diante de uma estátua, que Genta reconheceu imediatamente, e começou a contar a história por trás dela.

Genta ouvira maravilhado a trajetória do nobre, de um país distante chamado Índia, que, milhares de anos antes, se espantara com o sofrimento e a morte, bem como com o fato de que reencarnaríamos eternamente para viver tal tormento. Decidido a encontrar uma forma de mudar essa condição, o príncipe Sidarta renunciou à vida em sociedade para partir em uma busca pela sabedoria. Por muitos anos ele procurou, e não ficou satisfeito com os ensinamentos vigentes na época. Finalmente, Sidarta decidiu encontrar sozinho as respostas pelas quais ansiava, sentando-se embaixo de uma figueira e meditando em silêncio. Durante a noite, sua mente chegou a um estado de concentração tão grande que foi além do que vemos. Nesse estado, Sidarta foi confrontado pelo rei dos demônios, Mara, que lançou um exército sobre o mortal, representando o medo, o desejo e todos os tipos de tentações que existem. Mas a concentração de Sidarta era tal que se manteve inabalada durante todo o processo e, quando o sol nasceu novamente, ele tinha vencido as tentações deste mundo terreno e atingido o estado de iluminação, no qual é possível ver tudo com clareza e entender as quatro nobres verdades da existência. Assim, Sidarta Gautama tornou-se o santo Buda Sakyamuni, "o desperto". E assim, sua alma se tornou livre do ciclo de reencarnação.

O mais inspirador de tudo era saber que o santo não era um *kami* ou qualquer ser de natureza divina, mas nascera uma pessoa de carne e osso. Sua história e seus ensinamentos eram uma mensagem para qualquer outra pessoa despertar também.

Então Kaede concluiu a prosa:

— Isto é tudo o que eu posso lhe dizer sobre a vida, a morte e o renascimento. Espero eu, meu filho, que possa continuar sua vida sabendo que ela irá terminar como todos nós.

— Mãe... — respondeu Genta. — As pessoas não se acostumam com a morte... elas apenas a esquecem.

5

Os anos se passaram e a criança realmente sentia as asas do tempo pairando sobre ela. Já não se animava tanto com brincadeiras com gravetos simulando espadas, mas quando começaram a se tornar mais sérias e envolver mais treinamento, isso o fez repudiar totalmente a atividade, pois era um símbolo de que a infância partia e chegava a maturidade.

A vila dos pescadores tirava sua subsistência do que colhia do mar, fosse para venda ou consumo próprio. Não eram oficialmente guerreiros, mas como algumas comunidades no Japão feudal, mantinham uma extensa tradição de treinamento com armas e combate desarmado. O objetivo principal desse costume era a defesa de seu vilarejo contra tantos bandoleiros que podiam atacar abruptamente. Ser capaz de se defender era primordial nesse contexto violento, e a vila considerava essa capacidade uma obrigação inerente a qualquer homem crescido, mesmo que ganhasse a vida como um simples pescador.

Por outro lado, em um mundo no qual as guerras eram tão frequentes, eram comuns também os homens que resolviam viver delas. Muitos rapazes de aldeias humildes percebiam que na guerra poderiam ascender à posição de samurais, conseguindo um status social com o qual camponeses e pescadores só poderiam sonhar. O pai de Genta foi um desses homens, conseguindo até juntar dinheiro para investir em seu próprio equipamento. Era muito significativo para os habitantes do vilarejo o fato de ele andar pela vila portando um *daishō*, o par de espadas, enquanto o resto dos aldeões se defendia com instrumentos agrícolas como bastões, foices, forcados e *nunchakus*. A *katana* de Kuranosuke trazia tanto valor consigo que ele havia lhe dado um nome: Kaigan.

— Venha e me enfrente, Genta! — desafiava um dos garotos, firmando os pés na areia para uma luta agarrada. Seu nome era Gekki. — E mostre que é um homem!

— Por que isso é tão importante pra você? — começava Genta com um ar questionador. A pergunta parecia tão óbvia que o desafiante ria, não acreditando que precisava responder:

— Ora! Em breve seremos homens crescidos! Que tipo de homem é um homem que não sabe lutar?

— E por que você quer ser como os adultos?

As crianças reunidas na praia, ávidas para assistir uma partida, só conseguiam olhar incrédulas. Tornar-se adulto era tudo em que uma criança queria pensar. No caso dos meninos, o que podia despertar mais a ansiedade que ser um guerreiro respeitado, ou ao menos um homem forte o suficiente para proteger sua vila, família e a si mesmo? O mais comum, na idade de Genta, era treinar para se tornar adulto pleno aos olhos da vila. Alguns chegavam a sonhar com a glória nos campos de batalha e a inveja e temor dos outros homens, mas Genta não se interessava por nada disso. Tais assuntos o aborreciam.

— Porque nós, crianças, não sabemos de nada e não somos nada! —continuou Gekki. — Quando crescermos será diferente!

— Será? Eu perguntei a todos os adultos da vila sobre a vida após a morte e nenhum me deu resposta. Será que ser adulto faz tanta diferença? Eles só estão mais perto da morte do que nós!

O desafiante começou a mostrar hesitação. Essas questões não deviam passar pela cabeça de alguém tão novo, afinal, pra que pensar em algo ruim que estava tão distante? Mas Genta vivia consciente de que a passagem do tempo só levaria a um destino, não importa o quão longe parecesse. A verdade é que o medo da morte suscitou uma série de questionamentos em Genta, inclusive das convenções sociais de sua cultura.

— Hahaha! — riu o adversário. — Você só está querendo fugir da luta! Está com medo!

— Tenho medo de coisas que não consigo entender. Mas você eu entendo.

A resposta desarmou totalmente o menino e o fez desistir, mas enquanto este dava as costas, uma voz grave e séria ressoou.

— Lute com ele, filho!

Kuranosuke tinha assistido tudo e estava decepcionado com a reação de Genta. Mas o filho era impassível até diante dele.

— Não quero! Não vejo porquê!

— Claro que tem um porquê! Em breve você será homem! Devia honrar isso e aprender a proteger sua família! A sobreviver neste mundo!

— Isso é o que você diz! O que todo mundo diz! Mas deve haver mais a saber neste mundo do que apenas sobreviver!

O guerreiro ficou com o rosto vermelho de fúria e agarrou o menino pela gola. Então deu-lhe uma bofetada. Nesse momento, uma mão segurou o braço do pai de Genta. Era a mãe.

— Pare! Ele é especial, e está destinado a coisas maiores do que batalhas e brutalidade!

Ao ouvir sua mãe falando tais coisas sobre ele, um sentimento bem mundano de orgulho brotou em Genta, como se isso fosse capaz de parar o tempo e afastar a morte. Então o pai soltou-o, mas disse, ao dar-lhes as costas:

— Ele é só um garoto ingênuo, mimado e arrogante. Que acha que sendo diferente vai conseguir enganar a morte, mas ainda não sabe nada sobre a vida.

6

Aos doze anos, um menino da vila já era quase um homem e devia se preparar para ajudar os adultos em uma eventual invasão de piratas. O que a sociedade esperava de um homem não era a preocupação de Genta. Ele era diferente e questionador, embora essas qualidades viessem de um medo de crescer e enfim morrer, e negar os atributos da maturidade era uma maneira desesperada de retardar o tempo. Era possível, porém, sentir-se menos adulto, uma vez que ele percebia como "ser um homem" era uma imposição dos outros, não algo inerente a ele. Tendo uma identidade "especial", podia se sentir melhor consigo mesmo, até mesmo superior aos outros de sua idade.

No entanto, nosso pequeno herói descobriria que era possível negar a maturidade o quanto quisesse, mas ela viria de alguma forma contra a qual não poderia lutar. E isso aconteceu no florescimento das cerejeiras, após o fim do inverno.

Na época de seu florescimento, as árvores ficam tão belas que os japoneses param tudo e se reúnem para vislumbrá-las. Os aldeões olhavam maravilhados para aquelas sequências de flores que pareciam recortar o céu em tons de branco e rosa.

Genta caminhava entre eles também, lembrando-se da brevidade da vida enquanto contemplava aquele encanto da natureza. Foi quando ouviu uma alegre voz cantando:

Sakura, sakura
Os campos, montanhas e vilas,
Até onde a vista alcança
Estão cobertos por uma fumaça rosa ou nuvens
Brilhando lindamente sob a luz do amanhecer
Sakura, sakura, em pleno desabrochar
Sakura, sakura
O céu de março,
Até onde a vista alcança
Estão cobertos por uma fumaça rosa ou nuvens
Com a beleza das flores vindo à tona
Deixem-nos vê-las.

Embaixo de uma cerejeira, onde um facho de luz descia por entre os galhos, estava ela. Uma menina, um pouco mais velha, cujo *kimono* era estampado com flores de cerejeira brancas assim como as dos ramos acima dela. Seu nome era bem apropriado: Sakura. Ele a conhecia, como não podia deixar de ser em uma vila pequena, mas sempre a percebera como mais uma. Agora a notava de modo diferente. Ela reparou que Genta a olhava.

— Bom dia, Genta! Essas *sakuras* são tão bonitas, não são? — disse a garota rindo da brincadeira com o seu nome.

— É, são mesmo — respondeu casualmente o garoto.

— Dizem que você é esquisito — falou Sakura deitando a cabeça e com um olhar maroto.

— Eu sou... especial — rebateu Genta sem muita convicção. Sakura apenas riu, segurou uma pétala de flor e seguiu seu caminho, mais fascinada com o objeto em mãos do que com o garoto. Genta não foi atrás, mas ficou olhando-a partir e se perder no meio das cerejeiras. De repente, aquelas incríveis árvores floridas não eram tão chamativas.

Passadas semanas, pareceu que finalmente outro assunto ocupava a mente de Genta tanto quanto a morte: Sakura. Como ela tinha dito, Genta podia ser um menino um tanto incomum, mas em um aspecto ele descobrira ser igual a todos. E tais sentimentos não eram ruins, eram agradáveis, mas eram, inegavelmente, sinais de que não era mais criança. E como isso o incomodava! Podia tentar repelir as convenções sobre ser um homem, pois era algo que os outros queriam incutir nele. Mas o que sentia em relação a Sakura era algo que nascia dentro de si e não queria ser controlado.

Genta, no entanto, ainda relutava em aceitar a passagem do tempo, tamanho era o seu trauma em relação à morte. Começou, então, uma batalha interna entre o seu medo de infância e os desejos de adulto, duas forças igualmente poderosas. E tal conflito se tornou ainda pior do que aquele medo inicial após o sonho que começou tudo.

Existia uma inquietação dentro dele, porém, que sua mãe interpretou como um chamado. Sabia que seu filho precisaria encontrar um caminho no mundo, mas não parecia ser o mesmo caminho que os outros. Tudo parecia indicar um destino.

— Genta, quando te levei ao templo, há alguns anos, não me ocorreu que você, talvez, pertencesse àquele lugar.

7

O rústico samurai polia Kaigan, pois preparava-se para partir para mais outra guerra. Como sempre, aquela poderia ser a última vez que veria o filho. Mas, quando olhava para ele, só conseguia sentir decepção. Quando um mensageiro viera a cavalo pela manhã anunciando a reunião dos exércitos para lutar em nome do *daimyô* Nobunaga Oda, sua esposa tinha anunciado de tarde que seu filho iria para um monastério seguir a vida religiosa. Embora ser um monge fosse um ofício de distinção social, não era isso que o calejado veterano de guerra esperava de sua linhagem. Vindo de um nascimento humilde e ascendendo ao preço de tanto sangue derramado, esperava que a próxima geração levasse o seu nome para a liderança de exércitos e quem sabe até para o luxo de palácios. Mas era forçado a reconhecer que Genta não era um guerreiro como ele, nem seria de grande ajuda para proteger o vilarejo. Talvez sua mulher tivesse encontrado a melhor solução, mas estava longe de ser a que o pai gostaria e estava disposto a uma última tentativa.

— Você não devia temer a morte, meu filho — falou em tom paternal. — Você é filho de um samurai, e nós aprendemos que existem coisas piores, como a desonra. A morte é um presente que aceitamos de bom grado no cumprimento de nosso dever na guerra, que é o motivo pelo qual existimos. Gente simples, como lavradores, comerciantes e pescadores ignoram a morte, mas nós, os samurais, nos lembramos dela o tempo todo, pois faz parte de nosso caminho. Abrace seu destino como guerreiro e deixará de temer a morte!

Ao ouvir a promessa do pai, Genta percebeu aonde os seus questionamentos para lidar com a morte o tinham levado, e respondeu:

— Meu pai, minha dúvida não é mais sobre como lidar com a morte, mas por que viemos ao mundo se teremos que nos despedir dele uma hora? Se eu entender isso, tenho certeza de que descobrirei o jeito certo de viver e morrer.

Kuranosuke ficou chocado diante do questionamento. Franziu o cenho e remoeu as bochechas para dizer severamente:

— Esperem até o meu retorno. Se eu não retornar, faça o que você quiser. Se eu voltar, farei de você um guerreiro.

Pela manhã do dia seguinte, a aldeia dos pescadores se reunia para testemunhar a partida do chefe da vila, junto com mais alguns homens propensos a tentar a sorte. Genta percebia o destaque de seu pai entre os que partiam: altivo em cima do cavalo, com a armadura polida e ostentando o conjunto de espadas, enquanto os outros iam a pé, sem armas ou proteção.

O menino se aproximou e Kuranosuke o olhava por cima do cavalo. Genta não esperava palavras doces de despedida, pois seu pai nunca fora disso. Mas o pequeno tinha uma pergunta para fazer:

— Por que o senhor precisa ir?

Essa pergunta não era uma manifestação da falta que o pai faria, ou temor por sua vida, mas um legítimo questionamento sobre o motivo de alguém ir para a guerra. Kuranosuke sentiu o objetivo da questão e respondeu convicto:

— Porque lorde Nobunaga pretende "unir o país sob uma única espada". Quando todos os *daimyô* estiverem sob o julgo de um único homem, não haverá mais guerras. Finalmente haverá paz depois de tanto tempo, e viveremos bem. "O objetivo da guerra é a paz" disse lorde Sun Tzu. A paz só é garantida por homens fortes para impô-la.

Genta balançou tristemente a cabeça:

— Não é o que o senhor Buda disse. Se em vez de servirmos aos senhores da guerra, nos dedicássemos a buscar a iluminação, como ele fez, então não haveria mais guerra, pois a paz começaria dentro de nós. Nossas almas não vieram a este mundo para seguir ordens ou lutar esperando ser o mais forte, mas para despertarem e não precisarem mais voltar.

O samurai não suavizou o rosto:

— Você tem ainda muito o que aprender, garoto. Mas não é sobre o outro mundo, e sim sobre este. Quem sabe, até eu voltar, você tenha entendido alguma coisa.

Com essa troca de palavras, o samurai virou seu cavalo na direção do sol que se punha e deixou seu filho, que o via partir.

Kuranosuke nunca mais retornou para a vila onde nasceu. Pelo menos não com a cabeça. Homens lamentosos trouxeram o seu corpo, e a cabeça devia ter sido levada como troféu no campo de batalha. A notícia deixou os aldeões de luto, mas por baixo da tristeza emergia o medo, uma vez que a reputação do temível samurai era o que protegia a comunidade, mesmo na ausência dele.

Para a família do falecido, o momento era de pesar. Kaede relembrou o luto por seus sete filhos. Genta desejava sentir mais pelo pai do que realmente sentia. Ele deixava um vazio, sem dúvida, mas nunca tinham sido muito próximos. O que Genta sentia era uma espécie de pena por Kuranosuke pela hora dele ter chegado. Inevitavelmente pensou sobre quando a sua chegaria, mas encarando o corpo decapitado de seu pai, a morte parecia menos assustadora. A impressão diante da inércia de um cadáver era de que tudo se acabava e ponto. Era a incerteza do que vinha depois do fim que tornava tudo pior.

Contudo, questões mais urgentes pressionavam. Quem iria suceder Kuranosuke? Alguns nomes, como Goubei ou Youtaro eram estimados enquanto lutadores, e era o que a vila precisava. Para Genta, a política do vilarejo não importava nem um pouco. Conforme a decisão do próprio Kuranosuke, ele era livre para se mudar para um mosteiro e se dedicar ao estudo da filosofia de Buda. Genta não estava feliz com a morte do pai, mas não pôde deixar de reconhecer o lado bom dessa desgraça. Aquela comunidade não era o seu lar. Nunca tinha sido.

— Está pronto para partir — declarou a mãe aprontando o cavalo à noite. —Irei com você para me despedir diante dos portões. Depois que passar por eles, seu destino estará nas mãos de Buda, como você sempre quis — completou ela, escondendo um resquício de mágoa por baixo da voz decidida.

Sua mãe era uma das poucas pessoas de quem sentiria falta. Tinha pensado em se despedir de Sakura, mas Genta mais a olhava de longe do que trocava palavras. Ele não devia significar muito para a menina a ponto de fazer-lhe falta e, além do mais, no lugar aonde ia, era melhor esquecer esse tipo de sentimento.

Bem, era isso. Genta iria seguir seu caminho e aprender sobre as questões que o perturbavam havia tanto tempo. Trilharia a busca pela iluminação espiritual que, naquela altura, acreditava ser o sentido da vida e o propósito da alma. Estava entusiasmado com a ideia, com o treinamento que faria para purificar seu espírito e chegar mais e mais perto de sua essência. Pensou na iluminação ao se deitar, enquanto a chuva caía lá fora. As coisas estavam se encaixando na mente dele...

Genta não sentia mais a gravidade — estava flutuando — apenas uma ligeira pressão em seus movimentos, o que percebeu ser a resistência da água. Olhava ao redor e só via o azul escuro das profundezas. Escutava o som característico de quando se está submerso. Aquilo parecia ser o fundo do mar. Era silencioso, solitário e angustiantemente estático. Não parecia haver qualquer noção de tempo por ali. Genta se sentiu desconfortável com o impulso de nadar até a superfície.

Foi então que o escuro do oceano foi ofuscado por uma luz que surgiu do nada. Temporariamente cego, Genta demorou um pouco para notar que a iluminação vinha lá do fundo. Ao acostumar-se com a luz, Genta ficou assombrado com a forma do objeto: era uma incrível estátua dourada do senhor Buda Sakyamuni, com uma das mãos apontando a palma para a frente, e a outra pousada nas pernas em posição de lótus. A roda da vida adornava sua cabeça.

A imagem era estupenda, mas Genta se sentia estranhamente compelido a afastar-se dela. Deu-se conta de que precisava urgentemente voltar à superfície para respirar. Fazia esforço com os seus braços e pernas para subir, mas a resistência da água o mantinha ali. Aos poucos, começou a sentir que seus membros desapareciam. Ele próprio parecia deixar de existir. Sentiu-se preso, mas não desesperado. Permanecia calmo, e até tinha se esquecido do ar que faltava. Só estava desconfortável, não sabia explicar o porquê. Talvez... sentisse saudade da superfície. O que acontecia agora era algo totalmente novo, até inexplicável ou mesmo inimaginável. Sua mente, sua vontade, sua alma de alguma forma pareciam sumir. Não, não estavam sumindo. Era algo mais complexo. Era como se ele se fundisse àquele lugar sem tempo nem espaço. Sua identidade deixaria de existir para se tornar uno com aquilo.

— Não era o que você queria?

A voz era assustadoramente familiar. Era a tartaruga marinha, a única coisa viva nadando nas profundezas. A criatura olhou para ele com seus olhos escuros e disse:

— Acorde!

De repente, era a voz de sua mãe que o chamava e o sacudia energicamente. Foi a primeira vez que a viu segurando uma espada na mão. A espada de seu pai.

— Corra para o cavalo! Não me espere! Não olhe pra trás!

— Mas...

— E não faça perguntas!

Os dois saíram da cabana e Genta cambaleou sob a areia trêmula. O solo sacolejava como se estivessem em cima da cauda de uma grande baleia, prestes a chicoteá-los em direção ao céu noturno. O cavalo relinchava e esperneava agitado. Não fosse a corda que o prendia a um poste de madeira, já teria explodido em um galope sem rumo. Nem Genta nem Kaede ousaram se aproximar do animal, sob o risco de coices fatais.

Os japoneses sofriam com dois tipos de tormentas: as feitas pela mão humana e as causadas pela natureza. No caso, um terremoto. Na praia, os aldeões se aglomeravam fugindo de suas moradas. O povo da vila esperou, afoito, até que o tremor cessasse. Nervosos, alguns viram suas casas ruírem diante do terremoto. Tão súbito quanto começou, o abalo se desfez, mas os pescadores sabiam que a natureza reservava um ataque pior.

— Salvem-se quem puder! — bradou um homem assustado.

— Atenção, todos! — interviu Kaede. — Peguem só o que puderem levar e saiam da praia! Subam em direção às colinas!

Genta viu pessoas correndo afobadas de um lado para o outro em busca de tralhas, como um cardume de peixes quando a águia do mar desce sobre eles. Em um alvoroço mais ou menos organizado, o povo do vilarejo juntou o máximo de pertences que conseguiu e se reuniu para estabelecer seu rumo, que seria cortando a praia em direção ao norte, onde ficariam protegidos nas colinas. Felizmente, o cavalo se acalmara e se permitiu ser conduzido pelas rédeas ao lado de seus donos.

Então, nosso pequeno herói percebeu a inquietação nas sobrancelhas franzidas de Kaede enquanto ela percebia o mar arrastando fortemente a água da praia como um pescador puxando a rede.

— Monte no cavalo — sussurrou Kaede. O filho obedeceu. O animal começou novamente a se inquietar, dado o seu pressentimento. A mulher puxou firmemente as rédeas, mas o cavalo começou a empacar. Ouviu-se um barulho estrondoso.

— Ali! Olhem! — berrou uma voz desesperada.

Ao largo do horizonte, iluminado pelo luar, um *tsunami* se formava e se tornava cada vez maior. O pânico se instalou. Todos começaram a correr, alguns simplesmente largando suas coisas no chão.

— Vamos, mãe! Pegue as rédeas! — gritou Genta.

— Te encontrarei depois! Leve a espada de seu pai com você! Guarde-a! Proteja-se!

Kaede jogou Kaigan para o garoto. Genta sentiu que a mãe não tinha intenção de cumprir suas palavras e implorou:

— Mãe! Por favor, suba!

A onda se tornava cada vez mais próxima. Os aldeões corriam para qualquer lado, vários se precipitando em direção à temida floresta. Em meio àquela situação caótica, Kaede disse no melhor tom maternal que pode expressar:

— Encontre o monastério, meu filho... vá atrás de seu destino. Segure-se!

Como uma abelha, Kaede "picou" o punhal na anca do cavalo e o fez correr em disparada. Genta quase caiu com o solavanco, mas por reflexo, segurou-se nas rédeas como se sua vida dependesse disso. Quando se ajustou em cima da montaria e pôde olhar para trás, sua mãe era apenas um pontinho na praia. Ele sentiu, com uma pontada no coração, que a via pela última vez.

8

Incontáveis árvores já tinham passado em alta velocidade antes de o cavalo desacelerar o galope e os sons de cascos e o farfalhar das folhas darem lugar ao silêncio da noite. Puxou as rédeas e parou a montaria. Não tinha como enxergar. A floresta era tenebrosa. O escuro era horripilante. Estar perdido era apavorante. Estar sozinho era desesperador. Qualquer dilema que tenha passado por sua cabeça ao longo de sua vida não parecia tão assustador quanto agora.

Aquele emaranhado de árvores emanava o medo do desconhecido e uma aura de terror. Era tão misterioso quanto a morte. Segundo as estórias, ali viviam escondidos muitos seres místicos, os *youkais*. Fantasmas, demônios, criaturas da vida após a morte, de outro mundo em outro plano espiritual, das pinturas enfeitiçadas, dos pesadelos e das trevas da imaginação humana. Podiam ter a forma de cavalos, macacos, insetos, dragões, lobos, touros e até de gente. Eles podiam devorar ou amaldiçoar um ser humano de diversas formas. Genta tremeu de pavor, encolheu-se em cima da montaria e pressionou os olhos cheios de lágrimas. Não queria dormir. Não tinha porque dormir. Não dormiu.

Com o passar da noite, pensou ter visto vultos, sentido presenças e ouvido ruídos. Talvez fosse apenas o sono lhe pregando uma peça, pois estava exausto, o sol já estava para nascer. Em um dado momento, porém, durante os primeiros raios de sol, podia jurar ter visto uma mulher de pele pálida como areia branca e sorriso malicioso como o de uma raposa olhando diretamente em seus olhos. No segundo em que comprimiu as pálpebras para se certificar de que não estava sonhando, viu uma raposa prateada no lugar onde antes estava a mulher. Os olhos lupinos o fitaram, depois o animal fugiu. Efeito de uma mente cansada, assustada e sugestionável? Ou ele tinha visto a *tisukune*, a mulher-raposa?

— Ei, pirralho.

Agora tinha certeza, era uma voz bem real. Olhou para o lado e viu um homem enorme, mal-encarado, de vestes e aparência bem sujas, com um punhal na cintura.

— Onde conseguiu esse cavalo e essa espada? — perguntou ele de forma incisiva.

— São da minha mãe e do meu pai — disse Genta, desconfiado.

— Pois agora são meus, moleque.

— Como?

— Eu disse que são meus. Entregue ou te faço em pedaços!

O primeiro impulso do garoto foi pular do cavalo. Podia deixá-lo levar. Mas quando o bandido estendeu a mão em direção à Kaigan, sua reação foi desembainhá-la e investir contra o homem. Ligeiramente surpreso, o ladrão segurou o pulso de Genta e neutralizou a arma. Aquilo era seu único instrumento de defesa e também carregava um alto valor sentimental por ser a lembrança de seu pai. Não podia deixar que levasse. Resistiria! Pá! Um tapa no rosto. Lembrava-se do tapa que seu pai lhe dera uma vez, mas aquele era um tapa tentando alertar para a vida. Já este era um tapa *da vida*, quando havia passado do momento de aprender. Agora era o momento de viver as coisas. E, por isso, o tapa doeu bem mais.

— Tem sorte de eu deixá-lo respirando, pirralho!

Genta largou a *katana* e despencou no chão. Quase inconsciente, pensou em como queria ter resistido melhor. Sentiu vontade de ter aprendido a lutar devidamente com a espada ou com os punhos, os pés ou o que fosse. Quis poder voltar no tempo e se dedicar a esse aprendizado quando teve chance. Nenhuma das reflexões que haviam ocupado a maior parte de sua vida poderia ajudá-lo agora. Genta ouviu o bandido atiçar o cavalo e este relinchar, seguido de um rápido galope, ficando cada vez mais distante.

9

Tudo ficou sombrio e medonho. Ele só via árvores, só escutava o silêncio e só sentia a solidão. Não há momento em que nos sentimos mais sozinhos do que quando se enfrenta o desconhecido. Esse era o lugar do qual todos tinham medo, e Genta estava lá sem mais ninguém.

De repente, começou a sentir uma vibração pela terra. A vibração virou um tremor. O silêncio deu lugar a estrondos como um terremoto, mas era ritmado demais para ser um. Não. Parecia acompanhar os passos de alguma coisa bem grande, e o fato de o tremor se tornar cada vez mais alto anunciava que aquilo estava se aproximando.

Então as árvores foram bruscamente afastadas do caminho como se fossem galhos. Mãos fortes e gigantescas as empurravam. Ao lado delas surgiu uma coisa de pele vermelha, presas enormes saindo da boca ensanguentada, vários chifres pontudos acima de sua cabeça, e olhos sedentos mirando diretamente Genta. Era um *oni*, o ogro. Em uma das mãos, segurava uma clava colossal cheia de espinhos, na outra, um cavalo comido pela metade.

A criatura largou o cavalo e estendeu a enorme mão para pegar o menino. Genta se virou na direção contrária sem pensar duas vezes. Apressou os pés o mais rápido que pode. Seu coração já estava batendo tão forte no peito quanto os pés no chão. Mas, para aumentar o seu desespero, ele sentiu que não conseguia sair do lugar, por mais que corresse. A mão do ogro o encobria com sua sombra sinistra, faltava pouco para agarrá-lo e levá-lo diretamente para aqueles dentes horríveis.

Genta antevia o seu destino e não se esforçava nem um pouco em conter a cascata que descia por seus olhos. Sua vida ia acabar agora, sendo esmagado entre as presas de um demônio. Mas, quando olhou para baixo, viu que as lágrimas tinham formado um rio, e que seus pés começavam a afundar na água. Sentia os dedos cheios de garras do ogro quase o tocando, então não perdeu tempo e mergulhou. Mergulhou o mais fundo que pôde.

A mão do monstro não o seguiu até as profundezas. Lá pareceu seguro. Aguardou a sombra do ogro sumir da superfície e se preparou para voltar. Subitamente, suas pernas foram puxadas para baixo por dedos escamosos que terminavam em garras afiadas. Genta viu uma criatura bizarra, com pele verde, casco de tartaruga, bico de ave, dedos ligados por membranas como as de um sapo e um recipiente de água no topo da cabeça no lugar do escalpo. Chamavam aquilo de *kappa*, o duende do rio.

Genta fazia agora esforço para nadar até a superfície, e novamente seu esforço parecia ser em vão. Ouvia o ar que saía de sua boca fazendo bolhas na água, e o movimento de seus braços agitando-a. Não conseguia competir com a força do *kappa*, apesar daqueles braços magros. Foi quando percebeu o que parecia um fio ao alcance de sua mão. Imediatamente agarrou-se naquilo. Por incrível que parecesse, o fio era bem resistente, e o puxou para cima, tirando-o da água, e Genta ficou muito aliviado ao ver que o duende não o tinha seguido.

Esse alívio, porém, durou pouco. Sendo puxado pelo fio até o seu final, o menino viu-se preso em uma rede grudenta, que depois percebeu ser uma enorme teia de aranha. Como um inseto capturado, ele sentia a impotência diante do desfecho trágico. Reconhecia as vibrações percorrendo a teia, e sabia o que significavam. Olhou para cima e arregalou os olhos ao ver, entre as patas finas de uma aranha gigante, o tronco nu de uma mulher sedutora. *Jorōgumo*, a mulher-aranha. Independente da atração causada pela beleza da criatura, Genta pressentia que a intenção daquela criatura era a mesma que uma aranha teria com um inseto em sua teia.

Nesse momento, ouviu-se um bater de asas, e uma sombra escureceu a teia. Genta foi içado por garras e o vento embaralhava violentamente seus cabelos enquanto olhava para baixo e via os pinheiros daquela floresta soturna. Então foi jogado em cima de um galho. Segurando-se para não cair, escutou algo se empoleirando ao lado. Estava com medo de olhar, mas sabia que era inevitável descobrir o que era aquilo.

Um ser com corpo de homem, mas asas e bico de ave, penas negras como a de um corvo. *Tengu*, o guardião da floresta, raramente bom com aqueles que a invadiam. *Craw, craw*, grasnava o demônio. Encarava o menino e parecia decidir quando daria um bote com suas garras e bico pontudo. Genta prensava-se contra o tronco atrás dele, sem ter para onde ir. Olhando para baixo, sentiu vertigem com a altura. O *tengu*, de repente, pareceu esperar alguma reação, como se desafiasse a presa.

Genta começou a sentir um calor emergindo de sua mão. O calor continuou até se materializar, assumindo a forma de um bastão ou espada. A forma emanava uma luz que contrastava com os tons obscuros do céu e das árvores. O calor e a luz acenderam a confiança no coração de Genta, e ele investiu contra o *tengu*. O *youkai* calmamente deu as costas, abriu as asas e foi embora, sem fazer alarde.

Genta se surpreendeu com a reação do *tengu*, como se este tivesse se dado por satisfeito. Mas o garoto estava tão confiante com aquela arma luminosa na mão, que a fincou no pinheiro e pulou do galho. Conforme descia, o bastão ia suavizando sua queda, retalhando a árvore ao meio. Ao chegar no chão, ouviu as duas metades do pinheiro fazerem um tremendo estrondo atrás dele.

Ali, os outros três *youkais* também o esperavam. O *oni*, o *kappa*, e a *jorōgumo*. Dessa vez, no entanto, não pareciam dispostos a atacá-lo. Genta não sentia medo deles. Manteve a arma em riste e todos simplesmente lhe concederam passagem. À medida que avançava em seu caminho, o bastão cortava a penumbra da floresta e afastava o temor de seu coração. O garoto guiou-se pela luz até finalmente chegar à saída e deixar o labirinto.

Os olhos se abriram e só havia pinheiros taciturnos e um silêncio sepulcral novamente. Genta tinha apagado após aquela bofetada. Não sabia se ficava aliviado por não ter encontrado monstros, ou amargurado por perder aquela segurança do sonho. Não sabia para onde seguir, agora que se dava conta da realidade, e ainda podia cruzar com monstros. O que faria agora? Iria direto para o monastério? Sua mãe se sacrificou para que pudesse chegar lá. Para dizer a verdade, no fundo, queria voltar para o vilarejo, ver se sua mãe estava viva. De um lado de seu coração, queria voltar; de outro, imaginava que não adiantaria nada. Então, novamente, o que faria agora? Uma coisa sabia: teria que enfrentar seus medos de novo e ter fé para que saísse vitorioso.

10

O orvalho pingava daquela folha e, embaixo dela, um gafanhoto deslizava com suas patas espinhosas. Nem teve tempo de perceber quando foi agarrado e terrivelmente esmagado pelas patas de um louva-a-deus que se escondia do outro lado da folha. Enquanto o louva-a-deus mastigava o corpo cujas patas ainda tremiam e chutavam, ele próprio foi pego entre as patas de uma doninha. A doninha regozijou-se com a carne do inseto, quando ouviu algo adentrando em seu território. Era um *tanuki* — que para você lembraria um guaxinim. A doninha rosnou para o invasor, que não se intimidou e rosnou de volta. Os dois se atracaram em uma violenta disputa, rolando pelo chão, rosnando de raiva, arranhando e mordendo pelos, pele e olhos. O *tanuki* era maior e mais forte, mas a doninha era feroz e persistente. Percebendo que o domínio daquele quinhão de terra não valia o risco da contenda, o *tanuki* recuou diante da braveza de sua inimiga. Vitoriosa, mas cansada, sangrando pelos arranhões e marcas de mordida que cobriam seu corpo, a doninha estremeceu e tombou, inerte, aos pés de um humano que tinha testemunhado sua bravura. O menino sentiu em seu coração que, se quisesse ao menos uma chance de sobreviver, teria de ser tão feroz quanto a doninha ou seria só mais uma refeição fácil como o gafanhoto ou o louva-a-deus.

Na clareira da floresta, Genta se levantava de sua cama improvisada embaixo de um pinheiro, e recomeçava sua caminhada ao encontro de seu *tanuki*. O truque era marcar o solo por onde passava organizando gravetos, assim não se perderia. Ao mesmo tempo, tentava seguir a trilha de cascos e estrume. Genta já estava seguindo aquela trilha fazia dois dias, comendo frutas que coletava das árvores e as rãs e peixes que pescava no rio.

A cada galho posto, o garoto imaginava se estava à altura de sua missão. Não sentia que estava, mas faria mesmo assim. Podia não ser capaz, mas seguia decidido. A espada de seu pai era mais que uma proteção: era um bem que tinha herdado e não merecia ficar nas mãos de um andarilho criminoso. O dia passava e, toda vez que suas mãos tremiam, seu estômago embrulhava ou sua testa suava frio com a perspectiva de um duelo de morte, Genta repetia para si mesmo que aquele era o dever mais importante que tinha agora. E se não fosse capaz de cumpri-lo, então lutaria como aquela doninha, recusando-se até o fim a ser uma vítima.

Percebeu que, quando pensava no encontro com o ladrão, o que vinha à sua mente não era medo, e sim raiva. Mas a raiva não era nem do próprio agressor, e sim dele mesmo pelo sentimento frustrante de impotência. Ele jurou que, da próxima vez, seria diferente. Lembrando da sua reação diante do desafio de Gekki na praia, ele até podia não saber lutar, mas nunca tinha sido um covarde.

De repente, suas preocupações espirituais pareciam uma vida distante. Muito distante. Ao ponto de não terem nenhuma relevância agora. Pela primeira vez, confrontando a morte, a questão mais urgente em que pensava era o que fazer para se manter vivo. *Fumaça!* Já era hora do crepúsculo e Genta avistou o sinal de uma fogueira subindo por entre os pinheiros mais à frente. Por sorte, a trilha do cavalo seguia naquela direção. Estavam lá. Só podiam estar lá. O cavalo, a espada, o ladrão... e, talvez, sua morte.

Quanto mais se aproximava do local, mais espaçados e silenciosos os seus passos ficavam, mais presa a sua respiração se tornava e mais molhada ficava sua mão em torno dos gravetos. Finalmente, ele atravessou os últimos pinheiros no caminho e viu de onde vinha o fogo. Era uma clareira, a fogueira estava no centro. O menino sentiu um terrível aperto no estômago ao reparar que próximos da fogueira estavam ossos de cavalo. Mas nenhum sinal da espada nem do bandido...onde ele estava?

— Você quer mesmo morrer, não é?

Genta foi puxado pelo pescoço por um braço maciço como madeira. Em um baque, seu rosto foi comprimido contra a casca do pinheiro mais próximo. Tremendo de medo, ele conseguiu ver, pelo canto do olho, o ladrão, que o prensava com um braço e segurava um javali morto por cima dos musculosos ombros. Kaigan pendia na cintura dele. Não tinha percebido da primeira vez, mas, agora que ele estava sem a parte de cima do quimono, percebeu em seu ventre a assustadora tatuagem de um ogro vermelho, com chifres e presas afiadas e os olhos arregalados parecendo saltar das órbitas.

— Já deve imaginar porque me chamam de *Oni* — sibilou o bandido, abrindo um sorriso tão macabro quanto o do monstro de mesmo nome presente em sua pele. Ele realmente era forte e amedrontador como um ogro. — Achei que moscas como você não valiam nem o esforço de matá-las, mas quando uma mosca continua te perturbando, só resta uma coisa a fazer. Então, pirralho, como vai ser a sua morte? Devo abrir sua barriga com a sua querida espada? Ou devo aproveitar que já está preso e amassar o seu pescoço com minhas próprias mãos? O que te parece mais agradável?

Genta estava com tanto medo que nem esboçou outra reação além de tremer. Oni deixou o javali cair no solo enquanto trazia a outra mão possante para o pescoço do garoto.

— Não sei qual te agrada mais, mas eu, particularmente, gostei da ideia de te estrangular com minhas mãos. Pode ser, fedelho? Hehe...

Oni exercia uma enorme pressão em torno do pescoço de Genta. A respiração se tornava cada vez mais difícil. Os olhos e a cabeça pareciam prestes a explodir. Estava petrificado e impotente. Tudo estava acabado. Ele ia morrer ali, nas mãos de Oni. *E aquela doninha? Só um blefe pra mim mesmo? Sim. Só um blefe. Não sou forte. Não tenho o que é necessário para sobreviver. Nunca quis aprender e agora é tarde demais.* Começou então a ecoar na mente dele a voz de seu pai. Lembrou-se das lições que ele, com muito custo, tentava lhe passar.

Genta, na guerra existem apenas duas lições básicas que deve levar consigo. Depois que aprendê-las, todo o resto é apenas detalhe. Leve-as muito a sério, pois quando eu as contar, vão parecer fáceis e não passar de meros conselhos. Mas o grande erro dos jovens guerreiros é se apressar em aprender algum golpe com a espada, acostumar-se a firmar o cabo da lança, familiarizar-se em guiar as rédeas do cavalo, ou manter-se rígido em alguma postura de combate, e deixarem para a guerra lhes ensinar por último aquilo que antecede tudo o que mencionei agora. Nenhum aprendizado se sustenta sem a atitude certa, jamais se esqueça disso.

Primeira lição: nunca acredite que você não é capaz. Não cometa o erro de achar que o seu inimigo é indestrutível como a pedra, enquanto você é frágil como a areia. Ele é um homem que sangra, se cansa e morre como você. Existe bem mais força em você do que acredita, e quando se der conta desse poder, nenhuma luta parecerá impossível.

Genta abriu os olhos, estava consciente de novo, e viu Oni arreganhando os dentes amarelos para ele. Olhou mais para baixo e viu o ogro tatuado. Desceu ainda mais o olhar e viu a espada, a preciosa espada de seu pai. Se pudesse alcança-lá... Mas não tinha como passar pelos braços do gigante. Olhou mais para o lado e reparou na *tanto*. Aquilo seria mais fácil e rápido de pegar do que Kaigan, mas, de novo, os braços esticados de Oni a mantinham muito longe. O que fazer? Aquele sorriso diabólico do ogro seria mesmo sua última visão? *Não! Se não há um jeito, devo criar um.*

Tateou a casca da árvore contra as suas costas. Não havia nada. Não tinha muito tempo antes de apagar e morrer de vez. Então juntou todas as suas forças para tentar desprender um pedaço da casca. Fez tanta força que seus dedos chegaram a sangrar, mas conseguiu arrancar uma lasca e jogar uma parte pontiaguda bem nos olhos de Oni. O grandalhão gemeu e aliviou um pouco a pressão. Genta não perdeu tempo, e explodindo como uma rã que salta para escapar do bico de uma garça, adiantou-se para frente. Guiado pelo impulso, como se seus movimentos tivessem vida própria, Genta puxou o punhal da bainha, e o enfiou na coxa de Oni. Urrando de dor, o gigante virou-se para trás, tentando agarrar o garoto fujão, mas seu alvo já não estava mais lá.

A garganta estava doendo insuportavelmente, e os pulmões berravam pelo ar que lhe fora negado, mas não havia tempo de passar a mão no pescoço ou inspirar para aliviar a dor. Genta ignorava suas aflições e corria para a única coisa que poderia equilibrar a luta. Oni percebeu que o menino ia na direção da fogueira, e instintivamente sacou a *katana* da bainha.

Genta tomou uma lenha em brasa nas mãos. Oni achou graça, emitindo uma gargalhada grave como a de um ogro. Uma passada do gigante equivalia a três do garoto, e o alcance de seu braço era duas vezes maior, então Oni sabia que podia cortar o menino bem antes que este encurtasse a distância. Genta já estava dentro do alcance da lâmina, e Oni a ergueu para desferir o corte, mas talvez por algum favorecimento de Hiruko, ou qualquer outra das sete deidades da fortuna, os raios do sol poente brilharam pelo espaço entre as árvores diretamente nos olhos do ladrão e o retardaram por preciosos segundos. Genta quebrou a lenha na coxa ferida de Oni, soltando faíscas no joelho. Irado, Oni desabou.

Na queda, o gigante caiu com o braço da espada estendido ao longo do chão. Ágil, Genta pulou, pisando em cima do braço e desferindo o chute mais forte que já conseguiu no rosto do inimigo. Imediatamente se apoderou de Kaigan. E quando Oni, com uma marca de sandália no rosto logo acima do nariz e barba ensanguentados, viu a espada apontada em sua direção, soltou outra gargalhada digna de um monstro.

— Consegue mesmo terminar isso, pirralho? — zombou o gigante, com escárnio. — Se consegue, termine logo!

A voz de Kuranosuke voltou na cabeça de Genta. *Segunda lição, meu filho: seu inimigo precisa morrer. Ele não pode ficar vivo para te oferecer perigo, e o sangue dele também alertará outros inimigos sobre o quão forte você é. Ouvindo isso, você pode achar que ser mais forte que o seu inimigo é a parte mais difícil em aprender a matar, mas o mais difícil é o ato em si. Posso te ensinar a usar qualquer tipo de arma para cortar pele, esmagar ossos ou estrangular pescoços, mas isso não é aprender a matar. Até um animal sabe matar. Matar um homem é algo que se aprende sozinho. É uma experiência que não se compartilha. É um significado diferente para cada um. Não posso lhe dizer se será fácil ou difícil, se você sentirá alegria ou tristeza, se exultará por ter tirado uma vida ou mesmo por ter protegido a sua. O que devo lhe dizer é que precisa ser feito, e só aceitando isso o resto do treinamento terá algum sentido.*

Genta olhava para o sangue em sua lâmina, que era sustentada por mãos firmes, não mais trêmulas. Nunca aquela arma poderia ser empunhada com incerteza. Aquela era a herança de seu pai. Tirara muitas vidas e ainda tiraria muitas mais. Apenas um homem pronto para tirar vidas era merecedor de empunhá-la, e ele tinha merecido isso naquele dia. Levou o olhar para o rosto inexpressivo de Oni, e para o sangue que descia de sua garganta até o ogro na barriga, cujo olhar agora parecia fitar Genta, cheio de ódio pelo destino que lhe fora imposto. O sangue desceu sobre o ogro e o cobriu, lentamente confundindo-se com o vermelho de sua tinta.

Genta começara pela parte mais difícil. As lições mais duras tinham sido testadas e aprovadas. Agora ele podia correr atrás do aprendizado tão negligenciado... e pressentia que ia se sair melhor do que jamais imaginara.

11

Tendo resgatado a espada de seu pai, o novo rumo agora era voltar à praia e procurar sua mãe. Genta achou melhor seguir o rio. Rios sempre dão no mar, e também são fonte de comida para quem sabe pescar.

Ao longo de sua solitária peregrinação, Genta só tinha como companhia o rolar das pedras que ele pisava na beira do rio, e o correr calmo da água. Uma vez ou outra, um corvo ou rouxinol cantava durante sua passagem. Escondidos nas árvores, os cervos também mugiam enquanto passavam velozmente.

O garoto sentiu a barriga roncar, era hora da pesca matinal. Tirou suas sandálias de palha e despiu-se de seu quimono, ficando apenas com o *fundoshi*. Colocou-os sobre as pedras na margem e, só então, desapegou-se de Kaigan, deixando-a por cima do quimono.

Entrou com os pés na água e foi se aproximando do centro, cada vez mais fundo. Chegou até onde a cintura ficava submersa e esperou, com as mãos a postos. A arte de aguardar pacientemente o tempo do peixe e agarrá-lo enquanto passa próximo às suas mãos era sua velha conhecida devido aos costumes de seu vilarejo, conhecimento que ficava muito feliz de não ter negligenciado, como fizera com as artes da guerra.

Durante a expectativa de ser abençoado com um peixe, Genta precisava permanecer imóvel até as criaturas aquáticas o tomarem como simples parte da paisagem. O pequeno pescador se manteve focado em sua espera, silenciando-se, acalmando a respiração e observando o fundo do rio. Aquela água era mais fria que a do mar, mas isso não o abalou. Ficara tão absorto no ato da pesca que se esquecera de quase tudo ao redor.

Por um instante, porém, sua atenção foi atraída por um canto bonito que ele nunca tinha ouvido. Parecia um canto de pássaros, só que mais belo. Olhou para cima e teve o vislumbre de um bando de aves esbeltas, de bicos e pernas alongados, penas brancas cobrindo seus corpos e penas negras marcando seus finos pescoços. Eram os grous. Diziam que eles eram comuns nas regiões mais ao norte, onde a neve branca os abraça como se fizessem parte do cenário. Diziam também que eles eram "as mães de todas as aves" pois seriam as mais antigas da terra. De fato, eram uma visão deslumbrante.

As aves o distraíram por um tempo que pareceu tão longo que, ao voltar a si, Genta instintivamente olhou para a margem antes de pensar em voltar-se aos peixes. Seu temor concretizou-se: Kaigan tinha sumido. Escutou um chapinhar apressado às suas costas. Quase foi surpreendido por um homem que brandia a espada para acertá-lo. Tinha uma tatuagem percorrendo o seu braço, de uma criatura verde, com forma humana, mas casco de tartaruga e bico de ave. Genta fugiu o mais rápido que pôde para a parte mais funda do rio, onde mergulhou completamente. No seu encalço, o estranho parou no limite da parte rasa e exclamou:

— Este rio é o território de Kappa, fedelho! Quem passa por aqui tem que me dar alguma coisa ou acaba no fundo das águas. Se dá valor à vida, me deixará com essa espada e nunca mais voltará aqui!

Genta emergiu na superfície e lhe deu uma resposta: uma pedra que veio do fundo do rio direto para o nariz meio torcido de Kappa. Depois, o garoto encheu seus pulmões e submergiu de novo.

— Muito bem... — começou o ladrão, furioso. — Costumo afogar os infelizes que pego na margem. Mas você terá o privilégio de ser morto com sua própria arma! — E correu com a espada para o fundo do rio atrás de Genta.

Kappa nadava rápido, mas Genta tinha sido criado na costa, e nadar era como uma segunda natureza para ele. Com a resistência da água, os cortes feitos com a *katana* eram telegrafados e lentos, dando a Genta a oportunidade de se esquivar boiando. Também reparou como o seu adversário era um homem bem magro, cujo porte não chegava à metade do porte de Oni. Pelo físico e pela imperícia com que manejava a espada, Genta concluiu que esse embate não seria tão desafiador. Confiante pela vitória sobre Oni, o menino mergulhou para pegar outra pedra e voltou para enfrentar o inimigo.

Kappa recuou a lâmina, preparando um corte amplo na horizontal. Genta aproveitou a brecha e avançou, enquanto o outro preparava o golpe, acertando-lhe a pedra no rosto. Neste momento, Kappa largou a espada e nadou de volta para a parte rasa. Genta tomou Kaigan e passou de perseguido a perseguidor, indo no encalço do ladrão. Kappa emergiu na parte rasa, mas Genta se jogou como um tubarão logo atrás e conseguiu acertar a perna do inimigo com um corte. O fora da lei tropeçou, mancou, então se arrastou até a margem. O garoto chapinhou até ele, com a lâmina pingando sangue e água. Gotas vermelhas tornavam-se em pequenas ondas na água, maculando a sua cor azul.

Genta estava pronto para desferir o golpe de misericórdia, como havia feito com Oni, mas quando ergueu Kaigan acima de sua cabeça, o alvo ergueu uma mão suplicante e implorou:

— Por favor, não quero morrer! Sinto muito! Me perdoe! Pode ir embora do rio com sua espada! Te darei o que quiser, mas me deixe viver! Eu imploro, não me mate!

Kappa era muito diferente de Oni na forma de enfrentar o fim. Genta ainda não estava preparado para uma vítima desesperada por sua vida. Seu coração ainda não havia endurecido contra sentimentos como a pena. Suas mãos vacilaram e decidiu que podia simplesmente deixá-lo ir. O garoto abaixou a espada e deu as costas para Kappa.

Nesse momento, ouviu-se uma lâmina sendo desembainhada. Genta virou-se a tempo de se esquivar de uma facada em suas costas, mas sentiu a *tanto* de Kappa raspar-lhe o ombro e tirar sangue morno. O ladrão perdeu o equilíbrio devido ao ferimento na perna, e foi quando Genta aproveitou para acertar-lhe um golpe que cortou o seu peito.

Kappa caiu na parte rasa levantando um sonoro respingo. Ainda estava vivo, mas definitivamente acabado. Agonizou um pouco, com um olhar de pânico e incredulidade, então parou de se mexer. Genta aprendeu como dúvida e piedade podem significar a morte. Era a sua vida ou a do inimigo, e nenhuma vida poderia ser mais importante do que a sua.

12

As estrelas já brilhavam acima dos pinheiros. Enquanto os grilos começavam sua canção noturna, Genta fazia uma fogueira sobre um barranco próximo ao rio. Cozinhava um peixe enquanto preocupava-se com o ferimento no ombro. Era a primeira vez que tinha apenas ele para tratar de si mesmo. Não tinha muita segurança sobre o que fazer, nem recursos à mão, mas sabia que mesmo um corte pequeno poderia infeccionar. Tremeu ao contemplar a única possibilidade ao seu alcance, mas queria viver.

Pôs o cabo da espada entre os dentes e mordeu-o. Pousou a ponta de um galho na fogueira. Tirou-o com a cabeça flamejante. Prendia a respiração, acelerava o coração e cerrava os dentes à medida que trazia o fogo cada vez mais para perto de si. O fogo soltou fumaça junto com o urro de dor de Genta enquanto cauterizava a ferida. Apesar do momento de aflição, também era o momento de agradecer novamente as lições que seu pai lhe dera.

A ferida e a queimação ainda doíam enquanto ele mastigava um dos peixes. Havia posto outro na fogueira, estava faminto. O dia tinha sido desgastante. Conseguir comida sozinho cansa. Lutar sozinho pela sobrevivência cansa ainda mais.

— Está sozinho, menino? — sibilou uma voz atrás dele.

Da mata surgia uma mulher sinistramente bela. Com um rosto fino e formoso e cabelos negros bem longos. Apesar de tudo em seu corpo a tornar atraente, era seu olhar que hipnotizava Genta.

— Não respondeu minha pergunta. — Até mesmo sua voz e sua fala seduziam de maneira inexplicável.

— Ah! Estou! Estou sozinho, sim...

— No meio dessa floresta escura? Se perdeu? — Ela rodeava em torno da fogueira, aproximando-se.

— Não... não! Eh... sim! Estou tentando achar o caminho para voltar à praia.

— Você não tem mais ninguém? — E sentou-se ao lado do menino. — Você é órfão?

Genta baixou a cabeça com pesar, medindo a possibilidade de sua mãe estar viva, e não conseguiu disfarçar a tristeza na voz:

— Talvez...

A mulher misteriosa estendeu sua mão e acariciou suavemente os cabelos de Genta.

— Não se desespere se for... Eu também sou.

Sua mão desceu pelos fios da nuca do garoto e pousou em suas costas, envolvendo-as com um meio abraço. Estando mais próxima, dava para sentir o cheiro dela. Ela devia estar há muitos dias na floresta como ele, e banhar-se não era tão frequente, é verdade, mas nem o seu odor, que combinava um pouco de suor e pele macia, conseguia ser ruim.

— Eu sei que é difícil. Nós temos que aprender sozinhos a nos virar para sobreviver neste mundo que não tem nenhuma misericórdia — dizia ela com um misto de amargura sincera e conforto maternal. Mesmo com um tom obscuro, sua voz exercia um magnetismo no homenzinho.

Então ela se inclinou levemente para ficar quase de frente para ele. Pousou as palmas das mãos no peito de Genta e, delicadamente, empurrou-o até se deitar na grama. Deitada ao seu lado, ela continuava sua conversa melancólica, enquanto percorria seu braço com toques fluídos como água se desfazendo em sua pele.

— Tudo que está ao nosso alcance é viver um dia de cada vez. Não sabemos se vamos viver até amanhã, mas se sobrevivermos ao hoje, então devemos aproveitar isso antes que o amanhã chegue.

A mulher se arrastou por cima de Genta e permaneceu curvada sobre ele, fitando-o com seus olhos escuros e envolventes. Sua língua surgiu por entre os lábios e lambeu-os como quem anseia por uma refeição deliciosa. Qual seria o sabor daqueles lábios úmidos?

Nos últimos dias, o coração de Genta tinha se habituado a acelerar. Batera diante da adrenalina de escapar da força da natureza. Batera diante do terror das árvores noturnas e do que podia se esconder entre elas. Diante da incerteza de seu primeiro combate de vida ou morte. Diante da euforia de sair-se vitorioso e diante do estresse de lutar pela sobrevivência dois dias seguidos. Nesse momento, o coração se acelerava mais uma vez, só que agora era gostoso.

Lembrou-se de quando essas sensações foram despertas pela primeira vez. Na vila, com Sakura. Rejeitou freneticamente o que sentia na época, como se isso pudesse afastar a morte que lhe dava tanto medo. Agora, aquilo era uma reminiscência de quando ele era outra pessoa. Quando era uma criança.

A vida estava passando e levando-o como a onda do mar, e conduzindo-o a lugares onde nunca pretendera estar. Realmente, é impossível nadar contra essa onda. Ele não via mais por que fazer isso, especialmente contra os seus sentimentos de adulto.

Agora, o quimono dela caía vagarosamente de um lado. O mundo inteiro, com todos os seus lugares, deixou de existir. O tempo parou, não havia mais passado e futuro, só aquele exato instante. Talvez a única coisa parecida com aquilo fosse o momento da morte. Não o que ocorre depois dela, mas o exato momento em que ela ocorre. Quando todo o resto deixa de existir e tudo o que se pode fazer é se entregar de uma vez.

De repente, a pele descoberta pelo quimono revelou algo que quebrou a entrega de Genta. Pelo ombro, descendo até o seio, havia a tatuagem de uma mulher tão sedutora quanto ela, mas com patas e corpo de aranha. *Jorōgumo*, a mulher-aranha que seduz os homens e os atrai para a morte em sua teia.

— Não gosta da minha tatuagem?

Genta agora era tomado por uma sensação ruim de desconfiança. Então percebeu que uma mão dela deslizava em direção à sua espada. Por reflexo, segurou firmemente seu braço.

— Não — ele disse.

Nessa hora, a mulher sinistra levou a outra mão ao interior do quimono e desembainhou uma *tanto*. Instintivamente,

Genta levou as duas mãos para segurar o braço que empunhava a faca. Ao mesmo tempo, rolou para o lado, fazendo os dois caírem em luta corporal pelo barranco.

Ao chocarem-se com o chão no fim do barranco, Genta se deu conta de que estava por cima dela, e que suas mãos estavam vermelhas. Reparou como ela não se mexia mais, e viu que sua própria arma tinha se cravado em seu peito. O garoto se levantou, recobrando o fôlego.

Quando assimilou a sequência de eventos pela qual acabara de passar, Genta ainda se demorou um tempo olhando para aquela mulher, agora sem vida. Seu belo rosto estava petrificado em uma expressão morta, com um rastro de sangue caindo de sua boca e seus olhos fitando o céu noturno em uma expressão vazia.

Com uma inocente pontada de carinho, Genta gentilmente vestiu-a com o quimono caído, escondendo a ferida mortal. Fechou seus olhos e boca e deitou a cabeça dela para o lado, como se estivesse dormindo. Saiu do barranco e dormiu rapidamente diante da fogueira, mal podendo esperar para ir embora no dia seguinte. Naquela noite, Genta havia aprendido como a morte era ardilosa, e podia chegar para um guerreiro nas mais diversas formas.

13

Por ali, a floresta já não era tão escura. Para além daqueles pinheiros, parecia surgir uma luz bem mais forte. Será que ali era a saída que ele estava procurando? Apressou-se. Precisava ver aonde chegaria agora. Pouco antes de alcançar aquelas árvores, Genta parou ao perceber que tinha um homem entre elas.

Ele permanecia imóvel, e parecia que o estava esperando. Tinha um porte bonito, razoavelmente alto e forte, com um corpo não tão musculoso quanto o de Oni, mas não tão magro como o de Kappa. Seu olhar esbanjava arrogância. Em seu peito estava a tatuagem de uma criatura metade homem, metade corvo. O último que faltava: *Tengu, o guardião da floresta*.

— Hum... — bufou o estranho. — É difícil acreditar que tenha sido você quem matou os meus irmãos.

— Irmãos? Todos os outros eram seus irmãos?

— Bom, talvez nem tão difícil assim. Oni preferia cansar os músculos do que pôr a cabeça para funcionar. Kappa estava acostumado a afogar mulheres e crianças, mas não sabia o que fazer contra um oponente que oferece o mínimo de resistência. Jorōgumo achava que poderia enganar todos os homens. Bem, cada estratégia deu certo para cada um deles. Até encontrarem você. Todos covardes, ladrões de segunda categoria, mas ainda assim meus irmãos...

— Eu não quis matar nenhum deles! Se é vingá-los o que você quer...

A fala de Genta foi cortada por uma genuína gargalhada do interlocutor.

— O que vai me propor? Me desafiar para um duelo?

Genta ficou sem reação, então recobrou a firmeza. Desembainhou vagarosamente Kaigan, empunhou-a com as duas mãos e encarou o inimigo.

— Só quero que me deixe ir embora. E nunca mais vou voltar.

O outro riu novamente, depois o riso morreu em uma expressão gélida como os cristais de gelo do Norte. Cuspiu no chão:

— Verá que sou muito diferente dos que matou antes, seu pirralho. Essa floresta é minha, fedelho. Eu, Tengu, sou o guardião da floresta. Sou eu quem decide quem vive e quem morre aqui.

O ladrão explodiu em um salto para frente. Genta tentou cortá-lo com um movimento horizontal, mas Tengu desviava com a leveza de um corvo alçando voo. Sempre que se esquivava, Tengu respondia com uma saraivada de socos e chutes rápidos o bastante para recuar antes que Genta golpeasse de novo. Tengu recuava e então retornava com outra sequência de ataques. Genta tentava desesperadamente se adaptar ao ritmo do adversário, mas este era explosivo demais. Além disso, seus braços ainda não tinham se acostumado ao peso da arma, e seus movimentos eram desajeitados.

Então, Tengu entrou com um pontapé que acertou a face de Genta. O menino quase perdeu momentaneamente os sentidos. Tengu deu outra risada debochada. Estava claramente se divertindo.

— Não vai implorar, pirralho? Não tem medo de morrer?

— Não tenho mais medo da morte, de você, ou dessa sua floresta maldita!

Foi aí que Genta focou sua visão e vislumbrou algo logo atrás do adversário. Algo que poderia virar totalmente o jogo ao seu favor. Juntando todas as forças que lhe restavam, ergueu a espada acima da cabeça e a arremessou na direção de Tengu. O inimigo desviou-se tão à vontade quanto um dançarino em um festival:

— Está tão desesperado que me entrega sua arma de bom grado, fedelho?

Foi quando começou a soar um zumbido cada vez mais alto. Tengu teve um mau pressentimento e, ao virar-se para olhar, o receio se confirmou. A espada tinha se chocado contra um ninho de famigeradas vespas gigantes japonesas, e elas estavam furiosas pelo impacto, formando uma nuvem que envolveria de ferroadas qualquer um que estivesse em seu caminho.

Tengu fugiu em disparada pela floresta. Genta não perdeu tempo para fazer o mesmo. Afastou-se o máximo que pode e se deitou no meio da vegetação, ouvindo os zumbidos das vespas, acompanhados dos gritos de Tengu, ficando cada vez mais distantes.

Quando o zunido já tinha cessado, Genta se arriscou a se levantar e caminhar cauteloso até a árvore onde estava o ninho das vespas, para apanhar Kaigan de volta. Abaixava-se para pegá-la quando ouviu passos pesados vindo até ele. Viu uma figura meio-corcunda, inchada e cambaleante.

— Bem criativo da sua parte, tenho que admitir - arfou Tengu. — Mas você teve sorte, fedelho!

— Sou um fedelho, mas matei todos os seus irmãos. Em pouco tempo, não precisarei de sorte para matar alguém como você. Eu darei um jeito! Vou aprender a lutar! Terei a força para matar muitos homens! Eu não vou ser um ladrão. Serei um guerreiro como o meu pai foi.

— Não me diga! — Riu mais uma vez Tengu. — Foi isso que eu e meus irmãos havíamos dito quando nossa casa foi incendiada durante a guerra com o resto de nossa família lá dentro! Só nós conseguimos escapar e éramos menores do que você... Quer saber, fedelho? Estou curioso para saber como você vai se sair. Quanto tempo durará? Tanto quanto eu? Tanto quanto os meus irmãos que morreram em sua lâmina?

— Eu viverei mais do que todos vocês.

Houve um silêncio tétrico, até que, finalmente, Tengu cedeu ao veneno das picadas e desabou. Sabia que não duraria muito mais.

— Você ganhou, pirralho — declarou o bandido. — Vamos ver se você se sairá tão bem quanto fala.

O garoto olhou para a *katana* fincada no chão e envolveu seus dedos em torno da empunhadura. Tinha vontade de voltar a lâmina imediatamente para cortar Tengu, e sabia que ele estava esperando por isso. Então puxou a Kaigan do solo e a embainhou prontamente. Feito isso, deu as costas a Tengu e foi andando em direção às últimas árvores sem olhar para trás.

— Eu só te deixo levar esta espada porque me deu outra coisa: não me divertia assim há muito tempo! — debochou o fora da lei. Não houve resposta. Ele continuou em tom mais sério: — Você até que teria dado um bom aprendiz, fedelho!

Genta continuou olhando para frente, sem se deter. O guardião da floresta fez uma última declaração:

— E se aparecer de novo por essas árvores, é bom já ter se tornado um grande guerreiro, ou os *youkais* que nelas se escondem vão te devorar!

— Monstros não existem — sussurrou o menino, que não era mais um menino quando saiu da floresta.

Espadas são forjadas no fogo, pelos golpes do martelo, tal qual um guerreiro deve ser, dizia Kuranosuke.

14

Foi um alívio quando sentiu a brisa úmida, o cheiro salgado e ouviu o som familiar das ondas. O consolo de estar em casa, porém, logo foi suprimido como se tivesse tomado o baque de uma onda. A visão que teve foi de destroços de madeira. Nunca se sentiu em casa naquele lugar, mas vê-lo assim o fez se sentir pessoalmente atingido. Deu-se conta de que era o lugar onde cresceu e, praticamente, o único que conhecera de verdade.

Com um misto de nostalgia e tristeza, lembrou-se também das pessoas. Dos vizinhos, indo e voltando para o mar trazendo redes cheias de peixes, das outras crianças lutando com gravetos, Sakura cantarolando cantigas e, claro, dos seus pais. Todos deviam estar mortos agora.

Sobrevivera a todos os desafios na floresta para chegar até aqui e choramingar diante da ideia de que era tarde demais? Acaso era alguma criança para chorar esperando ajuda da mãe? Não! Se estivesse viva, era ela quem precisaria da ajuda dele. Então não havia tempo a perder. O destino dos aldeões era as colinas ao norte da praia. Os sobreviventes deviam ter deixado algum rastro naquela direção...

O sol começava a se esconder atrás do oceano, e a areia da praia assumia o tom de vermelho. Mais de cem passos além do que restou do vilarejo, Genta começou a achar pistas. Uma tira de quimono aqui, uma vara quebrada ali. As ondas tinham apagado pegadas, mas o povo deixava marcas pelo caminho. De repente, um objeto encontrado fez o garoto arregalar os olhos e apertar os punhos: uma flecha fincada na areia. Nosso jovem herói continuou encontrando mais e mais flechas até deparar-se com o pior: um corpo alvejado. Ele reconheceu o cadáver, era membro da aldeia.

A lua e as estrelas já começavam a se fundir com a água escura do mar, transformando o horizonte em um breu. Genta escutou de súbito um barulho vindo atrás das rochas costeiras. Nervoso, rangeu Kaigan ao desembainhá-la e foi verificar. Com a pouca luminosidade, não encontrou nada atrás das rochas, quando, de repente, sentiu uma pancada na nuca e tudo se apagou.

As árvores escuras o rodeavam novamente. A visão sombria e o silêncio fantasmagórico turvavam os seus sentidos. De alguma forma, Genta não conseguira escapar da floresta. Enquanto espiava todos os lados, buscando o fim do labirinto, percebeu uma luz enevoada vindo de uma das direções. Teve o impulso de correr para a luz, mas travou ao perceber que aquilo ia ficando cada vez maior. Era ela que vinha até ele. Como em todo o tempo que estivera entre aqueles pinheiros, o menino sentiu medo.

Conforme a luz se aproximava, ia tomando forma. Genta distinguiu então uma figura de cabelos brancos e pele gasta. Era uma anciã, vestida em um quimono prateado como seus cabelos e, apesar de uma ligeira gastura da idade, portava-se de maneira imponente e olhar indômito, só lhe faltando estar em cima de um cavalo, trajando armadura e espada para fazer jus à sua pose.

— Encontrou o seu caminho? — soou a voz firme da idosa.

— Não. Ainda estou aqui.

— Está enganado. Você já saiu. Pergunto se encontrou *o seu* caminho.

— Não estou te entendendo. Quem é você, afinal?

— Eu já fui uma respeitada sacerdotisa do templo da deusa Kanon. Quando criança, disse ao abade do Templo que queria dedicar minha vida a servir à Deusa. Ainda moça, eu vestia o hábito com orgulho e era admirada pelos aldeões e peregrinos que vinham ao santuário. Porém, orgulho é algo perigoso para os que servem ao mundo espiritual. Meu orgulho se tornou soberba e despertou a inveja de outros sacerdotes.

"Então, eles providenciaram minha ruína. Espalharam o boato de que eu estava adentrando o bosque e conversando com as raposas. Colocaram arroz com grãos vermelhos entre meus pertences e mostraram ao abade, afirmando que eu estava viciada neles. E, finalmente, me acusaram de estar possuída pelo espírito da *kitsune-tsuki*. Ingenuamente acreditei que meu prestígio como serva da deusa Kanon intercederia a meu favor, mas a inveja, o medo e a desconfiança são forças mais poderosas. Em pouco tempo, os devotos do templo e até o abade decidiram acreditar nos boatos e eu fui despida de toda a minha credibilidade e reverência. Fui arrancada de minha posição e condenada ao exílio como se faz com um leproso. Fugi. Fugi dos olhares que me desprezavam, das vozes que acusavam e dos dedos que apontavam.

Perambulei, sem luxos, sem meios de ganhar a vida e, em pouco tempo, sem nome. Vi-me ser totalmente desfeita, como se me tornasse um fantasma cuja mera lembrança invocasse vergonha e escárnio. Refugiei-me em lugares onde poderia me proteger das pessoas, mas viveria como um animal, ou até algo pior, uma fora da lei. Vim para essa floresta, coberta de trevas e temor, onde poucos se atreviam a por os pés, e fiz dela minha casa. Tornei-me uma reles ladra. A vergonha e o ressentimento cresceram em mim conforme eu me tornava uma criatura suja, solitária e cada vez menos humana. Não suportei mais a desgraça que pairava sobre meu nome, e não quis mais lembrá-lo.

Passados muitos anos da minha vida solitária, encontrei quatro crianças tão perdidas por entre essas árvores quanto você. Eu achei que não sentia falta de companhia, que só tinha me compadecido com o desamparo daquelas crianças e, assim, eu as acolhi, protegi e criei. As ensinei a roubarem como eu, a viverem como eu, a serem como eu. Tornamo-nos uma família que vivia nas sombras.

Um dia, porém, matamos um homem que dormia sob uma árvore, e entre seus pertences encontrei agulhas de bambu, estojos de tinta e pergaminhos sobre sua arte: ele era um tatuador. Então resolvi alimentar-me das lendas que assustavam os viajantes dessa floresta para me transformar em algo maior. E, assim, passei a me chamar daquilo a que tinha sido acusada de ser: *Kitsune*. E marquei minha pele para abraçar meu novo eu."

Ela levantou a manga, e Genta pôde vislumbrar a tatuagem de uma mulher pálida com feições lupinas, cauda e orelhas de raposa, gravada ao longo de seu pulso. *Kitsune* continuou:

— Então batizei minhas crianças de acordo com o *youkai* que representava a personalidade de cada uma. E marquei suas peles como a minha. Afeiçoei-me a elas. Eu as tive como filhos. E quando minha hora chegou, com a minha idade, elas me enterraram no solo da floresta a qual chamei de lar, e meu espírito aqui se apegou. Agora, as crianças que chamei de filhos também estão mortas...

Genta sentiu um misto de remorso, receio e certa indignação com os rumos que aquela conversa parecia tomar.

— Escute, sinto muito se eles significavam alguma coisa para você, mas eles me atacaram e eu tinha o direito de me defender!

— Não o culpo, criança... — respondeu Kitsune de maneira firme, porém serena. — Eles encontraram uma criança perdida como tinham sido um dia, mas não a acolheram como eu os acolhi. Eu queria que você tivesse sido uma daquelas crianças que eu encontrei. Que eu pudesse ter cuidado de você e lhe dado um rumo como eu tentei dar aos meus filhos.

— Agradeço, mas nunca quis me tornar um ladrão e ficar o resto da vida nessa floresta.

— Tem razão, tem razão. — Kitsune apressou-se em concordar. — Eu sou culpada. Não tinha um caminho certo, e achei que podia dar um aos meus filhos...

Genta sentiu comoção diante do tom de lamento da mulher velha antes de ela recomeçar:

— É por isso que venho lhe dizer, minha criança, que sair dessas árvores não é nada se comparado com os percalços que encontrará fora daqui. A vida lhe parecerá outra imensa e escura floresta, onde é fácil sentir-se perdido olhando para as árvores ao redor sem nenhum vislumbre de um caminho a ser seguido. As árvores esconderão tudo. Aquilo que você busca encontrar. Aquilo que você deve encontrar. Aquilo que você quer encontrar. Será fácil esquecer de onde veio e para onde quer ir. Poderá até esquecer quem você é. Guiar-se sozinho pelo emaranhado da vida será uma jornada arriscada, mas agora que você tomou a decisão de começar, não há mais como voltar atrás. Terá que ser valente, ousado e firme para encontrar o *seu* caminho. Lembre-se, a floresta mais escura é aquela que você atravessa em seu coração.

Kitsune se aproximou de Genta. O garoto hesitou, mas não sentiu ameaça vinda daqueles olhos que o fitavam com preocupação. A velha pegou a mão do menino e a cobriu com a outra. Inesperadamente, Genta sentiu uma dor, como se os dentes de uma raposa raspassem sua palma. Kitsune o soltou, e o garoto viu o que estava gravado em sua pele. Na palma da mão estava a cabeça de um dragão azul como o oceano, com chifres compridos, língua sibilando, bigodes balançando ao vento e olhos ferozes. O corpo esguio do dragão descia por seu antebraço até chegar na cauda, terminando em seu cotovelo. Por incrível que parecesse, a tatuagem parecia se mover, com o dragão serpenteando o seu corpo na pele de Genta, e então soltando um estrondoso rugido.

Assustado, olhou em todas as direções e viu que Kitsune tinha desaparecido. Tocou o antebraço e sentiu alívio ao constatar que não havia dor ou queimação. Era tudo um sonho ruim, produto de sua imaginação. Que bom! Claro que já tinha passado a floresta. Só a cabeça doía.

— Bom, você acordou.

Reconheceu a voz que falava no escuro. Era do menino que o desafiara na praia:

— Gekki? É você?

— Desculpe pelo golpe. Pensei que você era um deles.

— Eles quem? - Genta tentou ficar em pé e bateu o cocuruto, ainda dolorido, em alguma coisa. — Ai! O que foi isso?

— Shhhh. Fale baixo! Estamos em uma caverna. Não podemos ficar visíveis nem ser ouvidos.

— Estamos sendo perseguidos, não é!?

— Piratas! — sibilou Gekki, com raiva. — Depois do *tsunami*, o povoado se dividiu, mas não lembro de ninguém ter morrido no desastre. Foi no dia seguinte que eles vieram. Aproveitaram nossa desgraça e nos caçaram como lebres pela praia. Fiquei sozinho. Acertei você com um pau porque achei que era um deles.

Os ladrões do mar respeitavam a famigerada força e implacável liderança de Kuranosuke, então Genta imaginou se também não se deliciaram com a notícia de sua morte. Teve um nó no estômago antes de fazer a pergunta mais importante:

— Você sabe da minha mãe?

— Eles mataram principalmente homens, como o meu pai e meus irmãos. Eles tomam cuidado em poupar as mulheres. Sabe o que esses bandidos gostam de fazer com elas...

Genta fechou o punho e cerrou a mandíbula:

— Onde eles estão?

— Ei, não está pensando em ir atrás deles, está? Será que bati forte demais na sua cabeça?

Genta desembainhou Kaigan e iluminou o recinto com o aço prateado refletindo o luar lá de fora.

— Você não tinha essa espada.

15

Genta quase foi cegado pela luz intensa como o nascer do sol. Acostumou os olhos à luz e percebeu que era fogo queimando todas as casas como se formassem uma centopeia amarela debaixo do céu noturno. Esse era o rastro que os assassinos do mar deixavam na costa.

— Vejo navios ali. — Apontou Gekki na direção iluminada pelas chamas.

— Estão juntando os espólios antes de embarcar — grunhiu Genta, furioso. — Temos que chegar lá o quanto antes! Vamos!

Genta percebeu Gekki fitando-o com um olhar de desconfiança.

— O que foi?

— Nada.

Na verdade, Gekki estava surpreso. Aquele era mesmo Genta? O moleque estranho, quieto e recluso, que se recusava a ir para a ação?

O luar refletido nas águas, e as tochas brilhando nas pedras iluminavam o pé de um grande rochedo na praia, onde os piratas agrupavam dezenas de mulheres amarradas. Desciam a rampa dos barcos e obrigavam as primeiras a embarcar.

— Minha mãe está lá. — Apontou Genta para uma das últimas da fila. Ele e Gekki olhavam do topo do rochedo.

— Está louco se acha que sua espada será o suficiente para todos esses piratas.

— Se eu deixá-la entrar naquele navio, nunca mais vou vê-la!

— E se aparecer na frente desses matadores, vocês dois morrem!

Genta engoliu em seco e pensou. Olhou ao redor, em silêncio. Olhou para as pessoas lá embaixo, então pareceu ter uma ideia.

— Ali! — Indicou uma grande rocha pouco acima da beirada onde estavam. — Vamos jogar aquilo lá embaixo. Todo mundo vai ter que sair da frente e vai causar um tumulto. Nessa hora, aproveitamos e descemos.

— Nunca dois garotos como nós conseguiremos mover aquilo!

— Você não queria se tornar logo um homem?

Gekki ficou paralisado diante da pergunta e notou que nada deteria Genta. Ainda não tinha entendido o porquê de estar ajudando o garoto esquisito, sendo que nunca foram amigos e ele não tinha mais nenhum parente lá embaixo para salvar. Mas agora sabia a resposta: seria vergonhoso demais deixar aquele esquisito demonstrar tamanha coragem enquanto ele fugia.

Ambos se posicionaram lado a lado perante a pedra. Encostaram as mãos. Inclinaram as costas. Firmaram os pés. Cerraram os dentes. E, com um grunhido vibrante, evocaram toda a sua força para aquela tarefa. Enquanto o suor rapidamente encharcava as costas e a aspereza da rocha machucava as mãos, Genta reparou, de soslaio, em uma pequena figura lá embaixo que era conduzida para dentro do navio. Mesmo estando escuro, a luz das tochas destacava aquele quimono estampado com pétalas de cerejeira brancas. *Não!* Ele viu Sakura embarcar. De repente, o garoto concentrou toda a força que tinha dentro de si. Moveu a rocha como um ogro movendo montanhas. Gekki, sentindo uma pontada no seu orgulho ao notar que a rocha cedia mais diante do outro, não mediu esforços para se igualar a ele. Com um rugido, os dois meninos mandaram o pedregulho morro abaixo.

— O que é isso? — exclamou um pirata diante do barulho. — Ali! Protejam-se!

Começou um tumulto conforme todos abriam caminho para a pedra passar. As prisioneiras, visualizando a oportunidade, correram em todas as direções para escapar.

— Atrás dessas vadias! — esbravejou o capitão.

No meio do caos, Genta surgiu com Kaigan desembainhada, seguido por Gekki, com algumas pedras na mão. Os dois se desvencilharam de várias pessoas, captores e capturadas, até chegarem a Kaede, que era puxada pelos cabelos por um pirata.

— Ninguém toca na minha mãe!

Genta retalhou a coxa do captor, derrubando-o. Sem cerimônia, pegou as mãos de Kaede e cortou-lhe as cordas. A mãe olhava para ele muda, como se não o reconhecesse.

— Meu filho...!?

— Vamos!

Genta puxou a mão de Kaede e a conduziu por entre os corpos vivos e mortos até a subida do rochedo. Então cobriu a retaguarda deles brandindo Kaigan enquanto afastava as lanças, espadas, foices e punhais inimigos.

— Já alcanço vocês! Vão!

Genta criou um perímetro entre si e alguns piratas, mantendo a espada em posição de ataque. Kaigan ainda era pesada e sua empunhadura e movimentos continuavam desajeitados, mas o pequeno guerreiro entendera que a atitude precede a técnica e, por um instante, os seus inimigos pareceram não querer se arriscar.

— Voltem para os barcos! — berrou o capitão.

Foi nesse intervalo de tempo que o menino vislumbrou, de longe, Sakura partindo em um dos navios. Era tarde demais. Só voltou a si quando uma flecha zuniu próxima ao seu ouvido e escutou um gemido de mulher atrás dele. *Não! Que não seja ela!*

Kaede tinha uma flecha atravessando o meio de suas costas. Gekki a amparou antes que caísse e Genta correu até eles, esquecendo-se dos inimigos. Os vingativos piratas também pareceram não se importar mais e não os perseguiram. Os dois meninos carregaram a cambaleante Kaede, um de cada lado por baixo de seus ombros, e sumiram por trás do rochedo.

16

Abrigados em uma fenda no alto do rochedo, em meio à pouca luminosidade, os garotos procuravam maneiras desesperadas de tratar do ferimento.

— Arrume uns galhos! — gritava Genta. — Me ajude a fazer uma fogueira! Vou estancar o ferimento! — parou de falar quando sentiu uma mão apertando a barra de seu quimono.

Kaede arfava e sangue escorria por seus lábios, mas fazia um último esforço para se expressar:

— Meu filho... Não perca nosso último momento com algo que não vai dar em nada. Em vez disso, quero que me ouça... Você foi muito valente hoje, de uma maneira que nunca esperei que veria. Quero que saiba como estou orgulhosa, e como o seu pai também ia ficar... cof, cof, cof... Mas sua vida precisa seguir em frente. Você precisa chegar ao monastério para se tornar um discípulo do senhor Buda, como sempre foi o seu destino.

Kaede parou um instante ao notar os olhos do menino. Não havia entusiasmo neles quando ela citou o monastério ou o destino. Percebeu que não estava falando ao seu coração.

Aliás, aqueles olhos estavam muito diferentes do que estava acostumada a ver. Genta estava muito diferente.

— Filho... Quer saber o que realmente separa os pequenos dos adultos? Acredito que todo pequeno tem o direito de ter o seu sonho... antes que o mundo venha e o destrua. Depois disso... eles se tornam adultos... e chegou o tempo em que você se tornou um... Mas o que quer que venha falar ao seu coração agora... eu pedirei ao senhor Buda para que te leve a coisas boas.

E essas foram as últimas palavras que a mãe disse ao filho.

As luzes do amanhecer eram vermelhas, como se lembrassem a noite sangrenta. A água batia e se arrastava de volta na areia da praia, a poucos metros de onde Kaede havia sido enterrada. Seu filho olhava sem expressão para o mar, quando Gekki lhe trouxe de volta à terra:

— Vou deixar essa praia e não voltarei mais. Não restou nada para mim aqui. E você?

Genta não respondeu de imediato. Só tinha a si mesmo para dizer aonde ir. Porém, já sabia para onde seu coração não queria ir.

De repente, sentiu coisas, como dedos minúsculos, fazendo cócegas em seus pés. Olhou para baixo e percebeu serem tartaruguinhas que tinham acabado de chegar ao mundo. Viu uma legião delas saindo da areia. Observou, sem tocá-las desta vez. Apenas observou.

Então pôde testemunhar o destino da maioria daquelas delicadas coisinhas. Cada tartaruguinha gastava todas as suas forças desesperadamente buscando salvação nas águas do mar, pois sabiam que a praia significava a morte. Genta viu as gaivotas descerem do céu e vararem as indefesas tartaruguinhas com seus bicos como flechas caindo. Na fronteira entre a água e a areia, caranguejos não tinham piedade de estraçalhar os filhotes entre suas garras. Dentre as centenas que nasceram, pouquíssimas foram as que viveram além das primeiras horas.

Tal qual a tartaruguinha que Genta tinha matado acidentalmente anos atrás, esses filhotes o abalavam novamente, mas lhe deram outro significado à vida e à morte. Viu com clareza a intensidade do desejo de viver. O inevitável ímpeto de se agarrar à vida vindo até mesmo de algo tão pequeno. A necessidade de sobrevivência era defendida com fibra e determinação por qualquer criatura, desde um filhote de tartaruga até um humano que se considerava especial, mas nem todos conseguiam. Seu pai tinha razão, Genta não sabia nada sobre o mundo.

Ouviu o estômago implorando, e percebeu como estava faminto. Reparou em duas tartaruguinhas retardatárias que debandavam para o mar. Pegou-as em sua mão e as esmagou com uma pedra.

— Está com fome? — perguntou a Gekki.

Ambos fizeram uma fogueira, as assaram, arrancaram a carne do casco e comeram. Dessa vez, Genta matou tartarugas de propósito. E não sentiu remorso por isso. Com a certeza de que ele não era mais o filhote. Era o caçador.

17

— Não pude ver nenhum de seus movimentos — sibilou Genta, arfando e com uma das mãos massageando a barriga dolorida, enquanto a outra fazia força para não largar a *bokken*, espada de madeira. Apesar de ser um objeto para treino, a *bokken* é densa e pesada, o que a torna uma arma potencialmente letal, se empunhada com tal propósito.

— E precisa evitar cada um deles se quiser viver — respondeu um homem robusto que, em meio à barba falhada por cicatrizes e um temível olho pálido pela cegueira, ostentava uma expressão tão calejada quanto a que Kuranosuke tivera. Sua voz gélida, porém, lembrava a Genta da crueldade de Tengu. Este homem unia as características mais temíveis de dois homens temíveis, e conseguia ser ainda pior. Seu nome era Akamatsu Hoiden.

— Vê esse olho que nada vê? — Apontou o sinistro mestre. — Ele é o preço que paguei por não ter visto tudo o que devia ver. Agora nunca mais verei nada com ele.

Fazia uma semana que o garoto havia se alistado no exército de lorde Nobunaga, onde o seu pai servira, e já tinha percebido como o treinamento das tropas de infantaria era impiedoso. Ao lado deles, dois garotos também lutavam com *bokken*. Um deles foi brutalmente atingido na articulação do cotovelo, expondo o osso através da pele. O desafortunado caiu no chão, soltando berros de suplício e clemência. Seus gritos atraíram a atenção do resto do campo, e quando percebeu que as lamúrias do aleijado eram mais altas do que o tinir de carvalho contra carvalho, Akamatsu rugiu:

— Calado!

O menino fez um esforço tremendo para engolir o choro. Akamatsu varreu os outros recrutas com seu olhar cortante. Então aproveitou o silêncio absoluto para se pronunciar:

— Esse infeliz não presta pra mais nada! Lembrem-se! Vocês *não* estão aqui pra se tornarem grandes heróis, fazerem parte de estórias e ganharem suas riquezas. Estão aqui apenas porque precisamos de vocês! E são todos descartáveis! Se não forem bons o suficiente para aguentarem o treinamento, então não precisamos de vocês no campo de batalha! Vacilem no campo de batalha e vão morrer, e não vejo razão alguma para aqui ser diferente! Encarem o treino como uma guerra ou ficarão aleijados ou pior! E eu não me importo nem um pouco!

O enfermo teve o mérito de não emitir nenhum som, mas, por sua expressão, ficou claramente se sentindo tão valioso quanto uma espada quebrada. Os outros recrutas, pré-adolescentes, adolescentes e jovens adultos, respeitaram a fala de seu instrutor como respeitariam uma lâmina, mantendo o silêncio, a respiração presa e o semblante de assombro. Apenas o garoto que tinha aleijado o colega de treino esboçava um sorriso malicioso: Gekki.

O sol do meio-dia anunciava a pausa para uma refeição rápida. Os recrutas faziam fila para se servirem de uma pequena porção de arroz. Genta esperava ansioso para satisfazer sua fome, quando sentiu um bruto esbarrão em suas costas. Olhou para trás e viu Gekki, com seu sorriso desafiador.

— Eu quero pegar minha porção primeiro.

Desde que começara o treinamento, o colega de Genta revelara como era brutal e o quanto gostava de violência. Era um valentão entre os recrutas, mas Genta nunca imaginara que também seria desafiado. Então encarou Gekki e respondeu com a voz fria:

— Problema seu. Eu cheguei antes.

Como se esperasse essa resposta, Gekki intensificou a malícia no olhar e perguntou:

— Acha que só você é capaz de usar uma espada? Não viu o que eu fiz com aquele aleijado?

— Eu vim aqui para lutar ou morrer. Não vou levar desaforo de ninguém. Ainda mais de você.

Gekki pareceu indecifrável por alguns segundos. Genta não podia adivinhar se o outro o estava analisando, se estava entusiasmado ou se ia atacá-lo a qualquer momento. Provavelmente as três coisas. Finalmente, o valentão disse:

— Eu também estou aqui pra lutar ou morrer. Isso é tudo o que eu tenho. Acho que você me entende.

O olhar de Genta revelava que sim. Aquilo era um desafio. Sabia que seu colega era cruel, mas, embora não fossem chegados, os dois compartilhavam certa história. Queria entender por que ele estava agindo como um idiota. Naquele momento lhe vieram à mente os episódios em que os dois se confrontaram quando pequenos na praia, depois a postura firme de liderança que demonstrara diante dele durante o resgate de sua mãe. Genta refletiu se a atitude de valentia do colega não era uma vontade de provar que os dois estavam em pé de igualdade, apesar de Gekki ter se sentido menor em todas as ocasiões anteriores.

Os recrutas de trás forçaram a fila andar e a rápida conversa terminou. Genta não sentiu que estava perdendo um amigo, mas Gekki era alguém que seria melhor que gostasse de você em vez de te querer mal. O mais gratificante, porém, foi tê-lo enfrentado. Se Gekki achava que estava à altura de testá-lo, Genta iria mostrar que não era só feito de palavras.

Genta tentava decidir o que era pior: a *bokken* empunhada pelas mãos impiedosas e sádicas de Gekki, ou o olhar cruento e impassível de Akamatsu, que os avaliava friamente, não aprovando menos do que um espetáculo de dor. Os golpes deferidos por Gekki eram possantes e furiosos. No violento choque entre carvalhos, ele não apenas minava as energias do oponente, mas também diminuía sua coragem e disposição para lutar. Apesar de conseguir bloquear os ataques, Genta sentia a intenção cruel deles em machucá-lo severamente, bem como o impacto reverberando em sua empunhadura, desgastando suas mãos (para um espadachim, mãos firmes são essenciais). Sentia-se cada vez menor diante do adversário, e era isso que Gekki pretendia. Ganhava pela força, mas também pela imposição psíquica, em suma, vencia pela sua fúria. O jogo psicológico no tinir das espadas era o que tornava o valentão um duelista temível. Akamatsu achava isso promissor.

Genta andava para trás e se encolhia. Sua postura física deixava claro que estava perdendo. Gekki, como um tigre vendo um cervo ferido, animava-se e arreganhava as presas em uma ofensiva fulminante. Não havia nenhum traço de misericórdia ou compaixão em seus olhos sedentos. O que atrai um tigre é o cheiro de sangue, e o que atrai os brutos é o cheiro de medo, e medo era o que exalava do corpo e espírito de Genta.

Finalmente, a madeira de Gekki atingiu o ombro de Genta, e então algo aconteceu. Tudo o que tomava a mente dele até agora era medo, desânimo, cansaço, desconsolo e insegurança. Quando o carvalho chicoteou em seu couro e fez uma dor ardida como fogo subir por sua pele, tudo deu espaço para apenas um sentimento: raiva. Genta recrutou forças cuja origem desconhecia, e concentrou-as em um rugido acompanhado de um corte com a arma. O golpe pegou Gekki de surpresa em sua coxa. O brado de Genta fora tão feroz e repentino que intimidara o outro. Ainda possuído pela ira, Genta arremeteu outro golpe em um grito colérico. Gekki bloqueou dessa vez, mas Genta pode sentir a espada do inimigo ceder um pouco. Ele conseguira virar o jogo.

É assim que um guerreiro de verdade nasce: experimenta a dor e o medo como todos os mortais, mas quando sua reação diante da dor deixa de ser medo para tornar-se raiva, então seu espírito torna-se pronto para a batalha, pois com a raiva surge a vontade de lutar, a excitação do combate e a sede pelo sangue alheio.

Akamatsu arregalou os olhos com ávido interesse diante dessa mudança súbita. O terceiro golpe de Genta forçara Gekki a se dobrar e perder o equilíbrio. Na quarta investida, Gekki já estava no chão. Akamatsu esperou se haveria um quinto golpe, aquele para finalizar o inimigo, ou se aquele garoto seria fraco nesse momento e não continuaria. Os dois recrutas tinham o mesmo nível de habilidade realmente, o elemento vital que faria a diferença em uma luta de vida ou morte era a personalidade de cada um. Para a alegria bárbara do professor, o aluno avançou sim em um último golpe, mirando a cabeça do oponente caído.

— Já chega! — interrompeu Akamatsu.

Genta parou a arma de madeira a poucos centímetros de esmagar a testa de Gekki.

— Isso foi... aceitável — declarou tediosamente Akamatsu. — Vocês podem até não ter a habilidade para vencer o seu inimigo, mas precisam da coragem para enfrentá-lo. Podem morrer do mesmo jeito? É claro! Mas são todos descartáveis mesmo. O que importa é que sejam capazes de fazer frente ao exército inimigo, oferecer algum desafio e, se for para morrer, que seja cumprindo o seu papel. É disso que o campo de batalha se trata: só cuspindo na cara da morte você pode tentar enganá-la.

18

Tap, tap, tap, tap. Estava tudo escuro, e só o que se podia ouvir era o baque constante e ritmado na madeira. *Tap, tap, tap, tap.* A luz dourada do amanhecer foi lentamente clareando o bosque e revelou aquele rapaz batendo repetidamente sua *bokken* contra uma árvore. *Tap, tap, tap.* Acordava um pouco mais cedo e dormia um pouco mais tarde só para fazer isso. Mas hoje era o dia de marchar. *Tap, tap, tap.*

Em breve, Genta iria servir ao general mais poderoso do Japão: Toyotomi Hideyoshi. Um mero soldado de infantaria, que se tornara o sucessor de Oda Nobunaga ao vingar a morte deste. Seu antigo suserano havia sido pego em uma armadilha por um traidor, Akeshi Mitsuhide, que cercara o palácio de Nobunaga com algumas tropas. O orgulhoso lorde decidiu cometer o *seppuku*, em vez de tornar-se prisioneiro de guerra. Hideyoshi, cuja função já fora carregar as sandálias de seu mestre, trouxe a cabeça de Akeshi como troféu. Agora era o carregador de sandálias que cumpria o sonho de lorde Nobunaga de unificar o seu país.

Para as tropas virgens da guerra, porém, não era esse ideal de unificação que preenchia seus pensamentos. Marchar significava ir direto ao encontro da morte. Eles estavam tensos e inquietos. Poliam as armas como se fossem talismãs da sorte ou presentes abençoados pelos deuses. Muitos já tinham sobrevivido a ataques de exércitos e outras situações de vida ou morte. Genta passara por experiências assim na floresta e contra os piratas, mas estava consciente da discrepância entre o que passou e o que vinha pela frente. Um campo de batalha, por tudo o que o seu pai contava, era um mundo tão aterrador, confuso e cruento que, quando você o via pela primeira vez, iria se espantar que algum homem conseguisse sair de lá com vida. A balbúrdia, o fedor, a cacofonia, a morte vinda de todos os lados fariam o guerreiro mais corajoso perder as esperanças e pensar em fugir. Alguns bateriam no peito dizendo que eram os mais habilidosos, e que, se pusessem em prática o seu treinamento, tudo ficaria bem. Mas nada te prepara para o horror da guerra, pois na guerra nunca se sabe o destino que te espera. É ali então que os homens, a contragosto, descobrem sua coragem, persistência e força.

Ouça bem, Genta, meu filho: quando você se ver ali, ladeado por homens tão nervosos quanto você, encarando aqueles barulhentos e amedrontadores guerreiros do outro lado, correndo desvairados em sua direção, você sentirá o suor escorrendo em sua testa, melando a empunhadura da espada em sua mão, sentirá a tremedeira em suas pernas e talvez até o mijo molhando as suas calças. Você vai desejar e pedir a todos os kami para estar em qualquer outro lugar do mundo que não ali, sabendo que é inútil e que não há outra saída a não ser engolir em seco, enfrentar o que está à sua frente e encarar o que vier no fim.

Tap, tap, tap. Era só nisso que Genta pensava. O destino o amedrontava, ao mesmo tempo em que ansiava por isso. Não tinha como saber o quão pronto estava até chegar a hora. O que ele podia ter certeza era que chegara o mais longe que pudera. O antigo Genta, aquela criança ingênua e sensível, nunca sobreviveria ao que estava por vir. Por isso, Genta afastava seu antigo eu o máximo possível com seus golpes na árvore. *Tap, tap, tap.*

As mãos costumavam ficar em carne viva no começo. Músculos que ele desconhecia começaram a ficar evidentes em seus braços, ombros e peitoral. Aqueles treinos repetitivos calejariam seu corpo frágil até um dia se tornar aquela imagem intimidante e imponente que se via nos físicos de Kuranosuke, Oni, Tengu ou Akamatsu. A mente também era afiada pelo condicionamento da técnica, de modo que pudesse reagir sem pensar quando fosse necessário. O mais importante de tudo, porém, era lapidar o seu espírito. O suor pingava, a garganta secava, o peito arfava, o ar faltava, o músculo doía, a palma ardia, a cabeça girava, mas ele precisava ignorar tudo e arriscar mais um pouco. *Tap, tap, tap.* Pois ele sabia que poderia se sentir ainda mais cansado no campo de batalha, mas teria que continuar lutando, se não quisesse morrer. *Tap, tap, tap.*

— Só há um motivo para um recruta treinar tanto — sibilou uma voz dura atrás dele. — Está se mijando de medo.

O vulto de Akamatsu vinha para a luz. Segurava um odre de saquê, que para ele parecia um mero refresco matinal.

— Você não me engana com sua determinação — continuou o treinador friamente. — Já vi isso acontecer o suficiente. — Então ele se encostou na árvore e pareceu descontrair. — Aconteceu comigo também, na primeira vez. - O homem bebeu um longo gole e olhou para o menino mudo. — Me diga, garoto... Já sentiu o corpo de uma mulher debaixo da mesma coberta que a sua?

Um delicioso calor acelerou o coração do jovem Genta pela mera memória do cheiro, pele e imagem de Jorōgumo sobre ele. Porém, não considerou a lembrança, sabendo que Akamatsu referia-se a ter ido além.

— Não — respondeu secamente o garoto.

Akamatsu olhou para o chão. Chutou uma folha seca. Tomou mais outro gole e falou:

— Então há duas coisas da vida que não conhece. Vai perceber que são parecidas. Tanto da guerra quanto da paixão ouvimos os mais velhos se gabando de suas histórias dignas de canções e poemas, enquanto você é tomado pela curiosidade e os olha com admiração por saberem algo sobre a vida que para você ainda é um mistério. Até que finalmente chega a sua vez e então descobre que as histórias que ouve sempre são mais gloriosas na boca de quem as conta.

O veterano de guerra limpou a bebida da boca com o seu antebraço e Genta pôde perceber uma emoção por detrás daquele olho cego: cansaço. O homem deixou o menino aproveitar os últimos minutos de treino antes do grande teste. *Tap, tap, tap.*

— Acordem! — reverberou a voz de Akamatsu. — Tomem o café da manhã e preparem-se para marchar!

Tap, tap, tap e parou. Genta respirou fundo. Bem fundo. Era hora de ir em direção à experiência mais apavorante de sua vida. Mais tenebrosa do que sobreviver à floresta e mais medonha do que enfrentar os piratas. Era pavorosa como aquele sonho lhe pareceu quando criança, mas contrastando com o seu "eu" de agora, ele percebia ser ainda mais temível. Era uma experiência que separava para sempre os que a vivenciaram dos que ouviram falar. A experiência de ir ao encontro de seu destino, sem ter como escapar. De uma coisa tinha certeza: a pessoa que ele era iria morrer nessa batalha.

19

Apenas o luar podia ser visto entre as árvores, contudo, o chamado sombrio das corujas podia ser ouvido. A iluminação vinha de tochas carregadas pelos que estavam à frente da comitiva, enquanto os que vinham atrás tocavam-lhe as costas para segui-los na noite, por entre os pinheiros do bosque. Apoiando-se em suas lanças, agora com pontas de aço em vez de madeira, tateavam o solo na escuridão. O destacamento não era muito grande. Tratavam-se dos recrutas recém-treinados, crus e ingênuos. Eles tinham sido enviados como um dos destacamentos de batedores do exército, o que também era uma maneira de testá-los. Porém, o que estavam prestes a fazer soava mais como o trabalho sujo de um guerreiro.

— Exércitos precisam comer. Até senhores da guerra precisam comer. Sem colheitas, sem camponeses para cultivá-las e sem aldeias para abrigar esses camponeses, não há comida. É por isso que devemos exterminar todas as aldeias do território inimigo. Esmagar todas as que encontrarmos. Um inimigo faminto é o primeiro passo para a vitória.

Foram as palavras de Akamatsu mais cedo, ao avisar friamente sobre os propósitos da missão. Algo delicado de ser aceito, pois a maioria de seus recrutas tinham vindo de vilas como a que atacariam naquela noite, e testemunhado, sofrido e sobrevivido à violência que estavam prestes a infligir.

— Se não forem capazes de destruir uma simples aldeia de plebeus, será um desperdício de tempo colocá-los em um campo de batalha. Então hoje faremos a seleção. — Continuou o treinador, buscando sempre "inspirar" com seus discursos.

Então os passos no chão do bosque deixaram de ser ouvidos. A comitiva tinha parado diante do sinal do cruel comandante. Akamatsu ergueu bem alto a tocha, de modo que o seu rosto pudesse ser visto em detalhes. Diante daqueles jovens soldados, com caras nervosas e inseguras transparecendo o seu amadorismo, o veterano contorceu suas feições e delineou um sorriso, de modo que até mesmo seu olho branco espelhava a malícia em pessoa.

— Rapazes... — sibilou. — Peguem o que quiserem!

O anúncio feito em tom maquiavélico pareceu varrer a dúvida dos novatos. Suas expressões de confusão foram dando lugar a olhares perversos e sorrisos endiabrados, até se tornarem rugidos de excitação que desceram ladeira abaixo na direção do vilarejo indefeso.

Começou com as tochas sendo arremessadas nos tetos de palha, e continuou com pessoas fugindo ou sendo arrastadas das casas em chamas. Genta ouvia os animais berrando em pânico enquanto as labaredas estalavam nos celeiros e estábulos. Cavalos relinchavam e agitavam os seus cascos enquanto eram puxados pelas rédeas pelos saqueadores, ou eram deixados para serem escaldados em meio ao fogo e a fumaça. Galinhas cacarejavam à exaustão e batiam arduamente as asas como se isso pudesse libertá-las das mãos sedentas que as capturavam.

O jovem testemunhou seus colegas violando as moradas ardentes, correndo de lá com os braços carregados de tudo que puderam encontrar. Alguns cuja ambição era tão desmedida que se demoraram no saque até serem soterrados pelo teto que desabou. Com desgosto, o recruta viu os rapazes mais velhos arrastando as mulheres em fuga, sem se importar se bebês caíam de seus braços e eram deixados chorando em meio ao caos. Não havia uma única diferença entre as ações de um soldado e as de um pirata ou ladrão de estrada.

Não muito tempo atrás, seu pai quisera ensiná-lo que as guerras só seriam encerradas se um homem encerrasse a ambição de todos os outros. Mas para isso ele teria que impor o seu poder. Então, se você quisesse a paz, teria que lutar por ela. A paz parecia algo pelo qual valeria a pena lutar, mas para o coração de Genta era difícil entender como uma cena daquelas poderia levar à paz.

— Paz só é bom para os fracos. — Riu a voz de Gekki, como se lesse a sua mente. — Olhe tudo o que podemos conseguir sendo fortes na guerra! — disse exibindo as pilhagens embaixo dos braços.

De repente, uma tábua de madeira foi lançada na direção dos dois. Gekki foi pego de surpresa, enquanto Genta desviou. Percebendo o colega nocauteado no chão, Genta olhou para a direção de onde a madeira viera e ficou diante de um espadachim de longos cabelos e barba grisalhos. Seu porte era magro, porém, a iluminação das chamas destacava o contorno dos músculos em torno de seus antebraços empunhando a arma. A lâmina já impregnada com o sangue dos invasores.

O guerreiro do vilarejo poderia ter decapitado Genta ali mesmo se Akamatsu não tivesse intervindo. Ambos se atracaram em um combate mortal, tinindo lâminas em meio ao crepitar das brasas e odor de fumaça. Surpreendentemente, o velho camponês demonstrou maior perícia do que Akamatsu, esquivando-se e acertando-lhe pelo lado cego. O aço cortou a lateral do pescoço do instrutor, espirrando o sangue da artéria e fazendo-o cambalear. Apoiando-se na espada, apertando a mão no pescoço, Akamatsu arregalou o olho pálido diante do fim iminente. Mas quando o aldeão preparou a arma para o golpe final, Genta, agindo por impulso, atravessou Kaigan por suas costas.

O velho virou-se para ver seu assassino. Percebendo o olhar incrédulo do próprio garoto, o moribundo juntou suas últimas forças para lhe falar:

— Olhe ali... para o seu comandante. — Inclinando a cabeça na direção de Akamatsu, que observava emburrado, mas também sem energias. — Seu comandante manda meninos para morrerem sob a lâmina de um homem. — E ergueu o gume vermelho. — Um comandante não tem responsabilidade maior do que para com os seus subordinados. Assim como um governante não tem responsabilidade maior do que para com o seu povo. E vendo o zelo que o seu comandante teve com você, fico imaginando o zelo que o seu senhor terá quando governar o Japão. Pois nunca se esqueça que nós somos o povo.

Dito isso, o lavrador bambeou e seu corpo caiu mole no chão. Akamatsu tombou em seguida. Genta pensou se aquele velho guerreiro não tinha sido um samurai que encontrou refúgio no campo, um *ji-samurai* como o seu pai, quem sabe?

O fogo já consumia quase toda palha e madeira. A fumaça tornava o ar irrespirável. Os gritos de gente e animal se perdiam à distância, dando lugar a um silêncio solitário. A correria pra lá e pra cá já cessava conforme não havia mais o que ser tomado à força. Não seria melhor estar em um monastério do que sendo parte disso? Foi uma ideia tentadora naquele momento, mas Genta não queria voltar atrás. Em vez disso, reviveu mais uma vez o ensinamento do pai. Embora aquela imagem parecesse inconcebível como um caminho para a paz, sua cabeça aceitou que, se aquilo não fosse feito pela mão deles agora, essa imagem continuaria a se repetir por muitas e muitas outras vezes. Não era nobre de se testemunhar, mas eram ossos do ofício para se trazer a paz no Japão. Olhou para o cadáver do antigo professor, agora com os dois olhos inexpressivos, e disse irônico:

— Você tinha razão. Até agora não vi glórias.

20

O sol vespertino amarelava toda a paisagem. As nuvens no céu, o gramado na campina, e as lâminas e armaduras dos guerreiros. Os dois exércitos se dispunham no terreno. O exército de Hideyoshi avançou. A primeira fileira trazia consigo a revolução da guerra no Japão e no mundo: armas de fogo. Os arcabuzes, comprados de navegantes europeus, puseram fim à supremacia das lâminas no campo de batalha. Os atiradores se revezavam em uma fileira de arcabuzeiros e duas de arqueiros: após abrir fogo, a primeira dava lugar à seguinte enquanto recarregava. O som de trovão, o zunido das balas e o fedor da fumaça de pólvora traziam um novo toque de caos para batalhas acostumadas ao tinir de lâminas, voo de flechas, galopes de cavalo e, é claro, os sempre presentes gritos humanos. Depois dos arcabuzeiros terem finalizado o seu papel, a cavalaria, seguida da infantaria, corria em direção à violência, para mergulhar no banho de sangue. Lâminas batiam e ressoavam por todos os lados, e o cantar das espadas só não era mais alto do que os brados de dor e fúria. Espadas cortaram, lanças estocaram e cavalos atropelaram quem estava no caminho.

E Genta estava ali no meio, contrariando tudo que já pensara de si mesmo, ele estava ali no meio. Trajando apenas um colete de escamas como proteção para o tronco, e um chapéu em forma de prato, feito de aço, para proteger a cabeça. Nunca tinha visto em primeira mão como aquilo era caótico e sangrento e como o desespero nessas horas é contagioso. Ele estava nervoso e assustado? Claro que estava, não seria humano não se sentir assim em sua primeira batalha, mas é o desejo de viver, e muitas vezes o de matar, que mantém o foco na luta e o impede de simplesmente sucumbir ao pânico. E, nesse momento, a morte estava correndo para cima de Genta como um cavalo desgovernado, relinchando seus terríveis sons de lamúrias e agonia, bufando o seu hálito malcheiroso de sangue e putrefação, e fitando-o com seus olhos vermelhos de cólera. Mas foi enfrentando essa fera que ele nunca se sentira tão vivo. A força e energia que brotavam dentro dele pareciam explodir para fora de seu corpo. O medo diante da morte parecia ter ficado esquecido nos confins de sua mente, pois agora só aflorava em sua pele a euforia do empurra-empurra, externada pelos excitantes rugidos que bradava de sua boca, pela violência com que cortava carne e atravessava corpos com a Kaigan, e pela satisfação que sentia ao ouvir os gritos e ver as expressões de dor e desespero dos homens que tombavam diante dele, sabendo que ele seria a última imagem refletida em seus olhos vazios.

Quando voltou a si, só viu os corpos sob a grama vermelha iluminada pelo luar, debaixo de um céu estrelado. Gekki passava tranquilamente por ele, carregando duas cabeças pelos cabelos e mais uma espetada na lança.

— Ainda está vivo? Nada mal pra começar.

Riu e continuou caminhando e assobiando. Genta se deu conta de que estava mesmo vivo e a proeza que isso significava. Lembrou-se das pessoas que conhecera em uma vida que já não existia. Aqueles que o tinham olhado como a uma criatura indecifrável e inofensiva. Seu pai, os aldeões, Gekki, Sakura. E agora mudaria a impressão que qualquer um já tivera dele. Uma impressão que ele próprio se empenhara em criar, em uma época em que o medo de morrer o impediu de viver. Libertar todo o seu poder como um dragão sacolejando no mar lhe deu outra forma de sentir, pensar e ser ele próprio. Agora, ser o mais forte não significava apenas sua sobrevivência, era sobre ter encontrado sua identidade em meio ao calor e sangue da luta. Em pé, sob aquele mar de cadáveres que produzira, ele descobriu um novo eu. E não se imaginava em outro lugar do mundo que não ali.

SEGUNDA JORNADA

"É A COMPAIXÃO, EM VEZ DO PRINCÍPIO DE JUSTIÇA, QUE NOS PROTEGE CONTRA SERMOS INJUSTOS CONTRA NOSSOS SEMELHANTES"

Bruce Lee, *em O tao do Jeet Kune Do.*

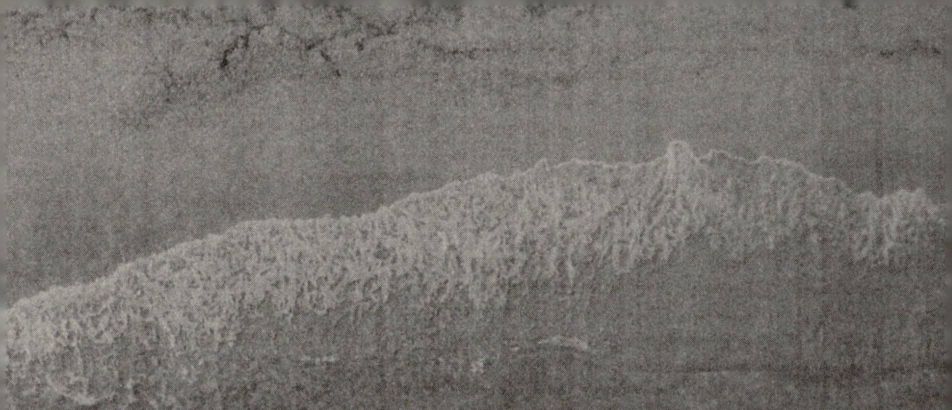

21

Os anos passaram e o sonho de unificar a nação finalmente tinha sido atingido, mas ainda havia um conflito a se resolver pela espada. O Japão já vira a ascensão e queda de dois guerreiros responsáveis por seu destino: Oda Nobunaga e Toyotomi Hideyoshi. Agora, um terceiro lutava pelos espólios deixados pelos antecessores: Tokugawa Ieyasu. O general mais poderoso que restara disputava com o filho e herdeiro de seis anos do falecido Hideyoshi, Toyotomi Hideyori, o direito de governar uma nação unida. Juntando os *daymiôs* leais a ele, Tokugawa iniciou uma última guerra contra as forças fiéis ao clã Toyotomi, lideradas pelo servo Ishida Mitsunari.

O ponto final da disputa seria decidido em 1600, em Sekigahara, na batalha que levaria esse nome. Como de praxe, os inimigos já se posicionavam frente a frente no campo de batalha, a grama ainda molhada pela chuva na noite anterior. Tokugawa *versus* Ishida, ladeados por milhares de guerreiros. Ishida chegara antes e encarava o inimigo do topo de uma colina. O "Exército do Leste" *versus* o "Exército do Oeste", sendo Tokugawa comandante do primeiro e Ishida, do segundo. Foi a maior e mais importante batalha da história do Japão, reunindo quase duzentos mil homens de ambos os lados. Do lado de Tokugawa encontrava-se Genta, cujos anos de guerra o haviam lapidado com mãos calejadas, braços grossos, ombros largos, tronco denso, mente feroz e cicatrizes por todas essas partes. Agora era um mercenário experiente que já havia lutado em diversas batalhas, matado inúmeros inimigos, colecionado incontáveis cabeças e derramado muito sangue.

Quando a batalha começou, Genta recebia a morte e o sangue como velhos conhecidos que já eram parte indissociável de sua vida. As lutas de vida ou morte, porém, nunca são encaradas com indiferença. Não importa o quão experiente seja o guerreiro ou quão habituado esteja com a situação, se ele for para a guerra sem medo de morrer, então é um idiota. A maior preocupação não está em se deparar com alguém mais bem preparado. Quem dera fosse esse o maior medo. Sobreviver a uma batalha campal não é uma questão de habilidade, mas de sorte. Mesmo os veteranos que acumulam décadas de treino, prática e experiência não estão isentos da possibilidade de levarem uma bala ou uma flecha, ou de serem surpreendidos pelas costas por um completo amador, e assim morrer sem nem saber quem reclama a sua cabeça. O bom guerreiro sempre sente medo, mas nunca se deixa ser controlado por ele. E era assim que Genta agia, cada vez que desviava da ponta de uma lança e devolvia uma estocada com Kaigan, cada vez que sua espada aparava um golpe e devolvia seu corte mortal, cada vez que se atracava com um inimigo, caíam no chão e ele o imobilizava para apunhalá-lo com sua *tanto*.

A batalha seguia equilibrada até a vantagem numérica e o fato de estar no terreno elevado favorecerem Ishida. As forças de Tokugawa foram cercadas, e parte de sua artilharia neutralizada. Genta percebeu que seu exército começava a recuar, o que não era um bom sinal, e que para onde olhasse havia inimigos avançando, o que era um péssimo sinal.

Nesse momento, viu a flama de um tiro de canhão lançado no ar, chamando para se juntar à luta um personagem que penderia a balança: Kobayakawa Hideaki, sobrinho de Hideyoshi e guardião do herdeiro Hideyori. Por conta dos laços de família, a lealdade de Hideaki não devia estar em questão, mas ele tinha uma dívida com Tokugawa. Quando Hideaki era jovem e inexperiente, seria sentenciado a cometer o *seppuku*, com o aval de seus superiores, para reparar um fracasso militar, mas foi Tokugawa quem intercedeu por sua vida.

Hideaki era uma peça fundamental demais no tabuleiro para se manter neutra. Sua lealdade era dividida entre seu clã e Tokugawa, e ambos exigiam seu apoio. O nobre havia jurado lealdade a Tokugawa, mas entrara no campo de batalha sob o comando de Ishida. Agora tudo dependia de para onde iria sua lealdade no último minuto.

A bola de fogo disparada no céu, deixando um rastro dourado no azul límpido, devia ter provocado a reação de Hideaki, movendo suas tropas para auxiliar o massacre iminente a Tokugawa. E então... Hideaki não moveu um homem.

Os dois adversários no campo de batalha, Tokugawa e Ishida, mantiveram os olhos transbordando ansiedade no alto do morro onde Hideaki se encontrava. O nobre não dava indícios de qualquer reação, e Tokugawa imaginou se aquela peça-chave não sofria de dor na consciência por sua lealdade dividida. Talvez cogitasse não se envolver, o que não era uma opção, mas quem sabe Hideaki não fantasiava em estar bem longe dali, pensando em simplesmente sumir e deixar o resultado nas mãos de Buda e dos *kami*.

Tokugawa decidiu pressionar o ex-aliado ordenando sua artilharia a abrir fogo contra ele. Uma manobra arriscada, caso Hideaki considerasse ajudá-lo, mas mudasse de ideia por conta disso. Tokugawa, porém, queria forçar uma decisão, fosse ela qual fosse. O lorde podia admitir perder a guerra, mas não suportaria esperar quieto pelo golpe de misericórdia. Tiros de canhões e arcabuzes acertaram as tropas de Hideaki, fazendo um grande estrondo no morro, e como se despertasse de um devaneio após tomar um tapa, o *daimyô* moveu seu exército com um grande brado de guerra em direção a Ishida. Incrédulo, Ishida olhou o movimento de Hideaki desejando que fosse um reforço, mas não fazia sentido. Aquilo só podia significar uma coisa: Hideaki o traíra e o atacava agora mesmo.

O tabuleiro se inverteu, e Tokugawa aproveitou para reagrupar suas tropas e auxiliar Hideaki em varrer o campo da presença de seus inimigos. As tropas foram chacinadas, e a cabeça de Ishida foi trazida a Tokugawa, que satisfatoriamente a recebeu como o maior troféu de sua carreira militar.

O fim da batalha de Sekigahara representava o término da disputa pelo legado de Oda Nobunaga: um país unificado. O Japão renasceu como uma nação. Tokugawa se autoproclamou o primeiro *xogum* desde que o período *sengoku jidai* começara. Em um futuro próximo, o herdeiro Hideyori tentaria reaver seu trono de direito, mas não passaria de uma reles rebelião imediatamente contida, levando Hideyori a cometer suicídio. A famigerada época dos campos de batalha, das invasões de aldeias e temor das populações finalmente tinha chegado ao fim. O ideal de unificação iniciado com lorde Nobunaga de fato terminou com 150 anos de guerra e começou 250 anos de paz. A tão sonhada paz... A questão era: o que tantos homens que viviam da guerra fariam com essa paz?

22

Já era noite, e um homem caminhava pela rua até chegar a uma ponte. As casas já estavam silenciosas, e a iluminação vinha da lamparina nos postes posicionados de ambos os lados da ponte. O homem atravessou despreocupadamente. O eco de suas sandálias contra a madeira sendo o único som na paisagem deserta. De repente, ele parou ao perceber alguém esperando do outro lado.

— Tanzaemon Aoshi? — perguntou uma voz fria.

— Quem quer saber? — respondeu com outra pergunta o transeunte, ainda na ponte.

— Não é nada pessoal — disse o estranho.

Não se ouviram mais palavras, apenas o ranger metálico de uma lâmina, seguido de um gemido de dor, e o respingo de um corpo afundando na água. Genta embainhou a espada e seguiu para uma cabana fora da cidade, onde era aguardado por um homem idoso e encurvado.

— Está feito — declarou Genta.

— Já? Que eficiência — falou o velho, entregando uma bolsa tintilando ouro em seu interior. — Você valeu mesmo quase a metade dos meus ganhos. Algo que vou compensar quando tiver a loja de Tanzaemon.

— Se você ficar vivo o suficiente para aproveitar isso, velho — respondeu Genta, ríspido. Seu empregador fechou a cara diante do comentário maldoso, mas o mercenário continuava indiferente.

— Se não precisa mais de mim, vou embora. — Deu as costas e partiu com seu "honorário".

Como tantos outros mercenários "órfãos" da guerra, Genta continuava ganhando a vida com o mesmo que fazia antes: matar. Havia alguma diferença na forma de matar? Pouco importa. Matar é matar. Tudo em que Genta pensava enquanto tomava um gole de saquê na mesa da estalagem, era onde conseguiria o próximo serviço. Nunca ficava muito tempo em um lugar só, e o trabalho não era mais tão certo quanto em época de guerra. Só tinha a lamentar com essa pacificação.

Um alvoroço quebrou seus devaneios. Um grupo de homens muito mal-encarados entrara no bar. Pela aparência e armas que carregavam, deviam ser bandoleiros.

— Saquê! — berrou um deles, batendo a palma no balcão.

O dono do bar, que não era um homem pequeno, serviu-lhes bebida à vontade. Quando já estavam soluçando bêbados, disseram sem cerimônias:

— Vamos cair fora!

— Ei! Acham que podem beber tudo isso sem pagar?

Os bandoleiros o encararam com um olhar de indignação. Um deles agarrou o anfitrião pelo colarinho e o trouxe bem perto de sua boca, que babava e transbordava um terrível hálito de álcool.

— Nós pagamos deixando sua vida, seu inútil!

E o jogou rudemente para trás do balcão. Os seus colegas riram com sarcasmo e foram embora fazendo algazarras pela noite. Genta foi até o balcão. Olhou o dono do bar e largou algumas moedas sobre a madeira.

— Aqui.

Mas o anfitrião não respondeu. Genta detectou a raiva nos olhos dele, e teve uma ideia. Pegou a sacola com todo o dinheiro que tinha e a jogou no balcão com um estrondo.

— Escute, se quiser, posso garantir que aqueles caras se arrependerão caro do que fizeram. Só vou precisar de um cavalo emprestado. E você fica com o meu ouro como garantia de que o devolverei.

O homem o olhou com certa desconfiança, então notou a espada que o viajante trazia consigo.

— Quanto vai me custar?

23

O céu estava nublado. A planície verde era atravessada por uma estrada de terra amarronzada. O vento esboçava algum uivo, mas bem suave. Pelo caminho era possível ouvir um assobio agudo, longo e pausado. Quem assobiava era um homem de cabelos embranquecidos. Ao seu lado vinham duas crianças e uma adolescente, que carregavam cestas nas costas. A melancolia do assobio acompanhava o caminhar meditativo dos viajantes, destacando-os naquela paisagem solitária.

Então a melodia foi abafada pelo galope furioso de cascos vindo da direção contrária. No horizonte, surgiu uma horda de cinco cavaleiros, que não demoraram para alcançar os andarilhos.

— Dia, colega da estrada. O que traz aí? — inquiriu um dos cavaleiros, rindo maliciosamente.

— Apenas uma ajuda aos que precisam, e uma arte aos que apreciam —respondeu o homem colocando-se à frente das crianças, apreensivo.

O bandoleiro olhou para as cestas que carregavam e uma sacola na cintura do transeunte. Então abriu um sorriso cruel.

— Mas essa sacola aí traz o som de moedas.

— Fruto de trabalho bem-feito. Apenas o suficiente para ajudar-nos em nossa jornada.

— Jornada? Você não vai precisar disso no lugar pra onde vai.

Os homens desmontaram e encaravam o velho e as crianças com olhos que transbordavam cobiça e maldade.

— Pequenos, corram!

Os jovens conseguiram escapar, mas o idoso foi rapidamente cercado. Estava acuado diante do líder dos bandoleiros, que desembainhou uma espada mal polida e cheia de dentes.

— O que arranco primeiro? Suas mãos? O seu nariz ou suas orelhas?

Ouviu-se uma perturbação no ar, como se fosse cortado, e então um grito. Um jorro de sangue acompanhou uma mão caindo na terra. O líder dos bandoleiros segurava o braço e fitava horrorizado o cotoco que surgira em seu pulso.

— Mas... o quê...!?

E antes que terminasse a frase, foi a vez de sua cabeça voar. No meio do círculo de bandidos chegou um guerreiro imponente, de lâmina ensanguentada e olhar gélido.

— Chefe! — exclamaram os ladrões. — Seu maldito, filho da mãe!

Genta se afastou rapidamente da roda e se posicionou contra os inimigos a uma distância segura. Os bandoleiros ameaçavam atacá-lo, mas estavam hesitantes sobre quem iria primeiro. O espadachim sorriu internamente, pois sabia que ganhara a vantagem psicológica matando o líder.

Com o suor das mãos impregnando na empunhadura da espada, um dos bandidos avançou com um berro. Genta se adiantou também e abriu a barriga do adversário antes que seus braços descessem. Com a mão livre, o *ronin* agarrou o corpo que amolecia e o empurrou contra o bandoleiro de trás para retardá-lo. Imediatamente desviou-se de uma lança, encurtou o espaço e acertou o cabo da espada no nariz do lanceiro. Segurou o homem pelo pescoço e o usou como escudo contra a estocada que vinha de trás, deixando-o morrer em seu lugar. O inimigo seguinte, com a arma ainda presa no corpo do amigo, teve tempo apenas de ver a lâmina vindo em sua direção. O quinto homem subiu urgentemente no cavalo, prestes a fugir, mas sentiu uma pontada de lança em suas costas e já estava morto quando chegou ao chão.

O mercenário fez um movimento rápido e amplo com a Kaigan para tirar o sangue da lâmina e a embainhou. Voltou-se ao centro da roda de cadáveres para coletar a cabeça do líder e guardá-la em uma sacola. Foi quando notou aquele viajante parado, fitando-o, e podia ver em seus olhos que estava em choque.

— Qual o problema? — perguntou Genta, indiferente. — Nunca viu alguém morrer?

— Já... mas... — Começou o andarilho. Genta não teve paciência de esperar o resto e deu-lhe as costas. — Obrigado por sua compaixão... — conseguiu dizer o estranho. — Abençoado seja.

— Isso não foi compaixão. Sua vida ou morte de nada valem pra mim. Apenas fui contratado para matar esses homens e devo levar essa cabeça pra provar que o serviço está feito. Eu os rastreei a noite inteira enquanto dormiam para alcançá-los.

Você deu sorte. — Quando o mercenário subia no cavalo emprestado, reparou na sacola do viajante. — Esse punhado de moedas não é muito, mas como você mesmo falou, eu salvei sua vida, e nada vem de graça nesse mundo.

O homem entendeu, e catou a quantidade de moedas que achava justa, sem acabar suas reservas.

— Pegue, saiba que eu as entrego de boa vontade, assim como vieram a mim pela boa vontade alheia.

— Dr. Mosuke!

Eram as crianças que voltavam para abraçar o homem ao perceberem que o perigo tinha passado.

— Kohaku! Ayame! Mamoru! — Mosuke abraçou aqueles sob sua guarda e permitiu-se um momento de descontração, antes de voltar-se para o estranho. — Sou médico. E pintor também... — disse Mosuke. Genta não pareceu impressionado. Hesitante, Mosuke quis saber mais. — E o senhor, espadachim? Como ganha a vida?

— Eu vivo de guerra e morte. Vivia, pelo menos. Só recebo o que minhas habilidades merecem.

— Então é um mercenário...

— Sou o que preciso ser para sobreviver neste mundo.

— Bem, se for assim, aviso-lhe que o senhor já fez uma boa ação neste dia. E só posso orar para que o senhor Buda ilumine seu caminho. Adeus.

Após alguns passos na estrada, o médico e sua comitiva ouviram o mercenário chamar:

— Ei, médico! — Genta o alcançou no cavalo e observou calculadamente. — Pra onde está indo?

— Irei aonde sentir que devo ir — disse o doutor, desconfiado. — Acredito que o meu próximo destino deva ser Edo. A cidade que cresce tão rápido quanto um formigueiro.

O *ronin* sorriu:

— Que tipo de homem viaja sem armas?

— O tipo de homem que renunciou à violência, pois ela não condiz com o ofício que exerce.

— Pois os ladrões que encontrar não querem saber de seu ofício. Precisará de proteção. Levo você em segurança pela estrada e, quando chegarmos a Edo, você me dá uma parte do seu dinheiro.

— Aviso que o que tenho é pouco para mim e para essas crianças. Repartindo, será menos ainda.

— Que seja! Ao menos terei um ganho fácil até chegar em Edo e arrumar outro trabalho. Sem falar que, como estarei fazendo o trabalho pesado, terei direito à parte maior de sua bolsa. Temos um acordo?

O médico o encarou, as crianças olharam com desconfiança e apreensão, então Mosuke meneou com a cabeça:

— O dinheiro nada vale se morrermos no caminho. Muito bem... temos um acordo.

A comitiva partiu pela estrada de volta ao bar para devolver o cavalo e entregar a cabeça do bandoleiro. O mercenário seguiu o resto do trajeto a pé com aquelas pessoas assobiando uma melancólica cantiga. Genta não apreciava nem se importava com a melodia. Na verdade, era quase indiferente à presença dos "colegas".

— Meu nome é Kagemori Mosuke — anunciou o médico. Genta não respondeu e Mosuke entendeu o recado.

O viajante estava prestes a assoprar o vento para dentro dos lábios novamente, quando congelou diante da cena na estrada: três cadáveres. Eram um idoso, uma moça e uma criança. Deviam ser uma família de mascates, o avô, a mãe e a neta. O velho acabara com cortes e perfurações nas costas, típicos de quem correu pela vida antes de morrer. A cabeça da criança foi facilmente esmagada com o cabo de uma lança. E as vestes rasgadas da mãe denunciavam um destino cruel antes de ter a garganta cortada.

— Aqueles bandidos devem ter passado por aqui. — Deduziu Genta, frio. E instigou-os a continuar pela estrada.

— Pra que fazer tamanho mal a almas indefesas? — questionou Mosuke, antes de dar mais um passo.

Genta cuspiu por cima do ombro e falou com a naturalidade de um comerciante que fala o preço da mercadoria:

— Porque eles podem.

24

Começou com o cheiro de pólvora e queimado. Então ouviu dezenas de tilintares metálicos e um coral de lamúrias e brados. A excitação renasceu dentro dele como labaredas de fogo rugindo junto com os sons ao redor. A canção da guerra.

Como se fosse o ouvinte de uma estória, Genta vislumbrou a cena de uma batalha, sangrenta como tantas outras das quais participara com gosto. O fogo das flechas e canhões consumiam casas das quais famílias debandavam apavoradas como coelhos. Sobre as ruínas, guerreiros estavam engajados na dança da morte, trocando os cruéis afagos da fatalidade. Era uma cena infernal, trágica e... nostálgica para Genta.

De repente, no meio do caos, ele testemunhou alguns lutadores se destacarem, não apenas por sua habilidade ou fúria, mas pelo evidente prazer em ceifar vidas. Havia um homem grande, brandindo uma pesada clava com espinhos, o *kanabō*, só que maior ainda era sua satisfação ao esmagar crânios. Outro guerreiro de grande porte varria e cortava as pessoas à sua frente com sua alabarda com a frivolidade de quem varre as folhas de sua soleira. Um terceiro homem erguia uma *yari* acima das chamas. Sobre o fogo era possível ver o seu sorriso maléfico enquanto fitava o que havia na outra ponta da lança: um cadáver espetado. Um quarto homem espremia bem o seu olho e mantinha o outro bem aberto, colocava a língua para fora em uma expressão maliciosa enquanto mirava as costas de uma mulher que escapava desesperadamente, e então disparava sua flecha. Um quinto homem sorria ao escutar o barulho ensurdecedor de seus disparos, enquanto abria buracos nos corpos e rostos à sua frente com as balas de sua garrucha. O que exalava mais cheiro de morte, porém, era um guerreiro com o olhar de um demônio que parecia nunca sanar sua sede enquanto arrancava cabeças uma após a outra com sua *katana*.

Genta assistia a tudo com uma sensação de familiaridade. Mas não era apenas com o cenário, mas com aqueles homens. Como se o conhecessem. Pararam com sua matança e o encararam em meio às chamas. Então o espadachim deu um passo à frente para se dirigir a ele. Sim, era Gekki.

— Por que não está se divertindo também?

— Hã?

Genta sentiu um líquido morno escorrendo em sua mão, depois sentiu o peso de uma empunhadura. Percebeu que segurava sua espada, e ela já estava tão vermelha quanto as armas daqueles homens. Homens feitos da guerra, como ele.

— Bom dia!

Tudo clareou, e Genta só sabia que desembainhava sua espada pronta para cortar. Travou o movimento ao reconhecer o rosto do médico, olhando assustado para ele. Era dia e estavam na beira da estrada. Tinha sido um sonho.

— Noite difícil, é? — perguntava Mosuke. Genta não respondeu. Continuou olhando para frente e apertando o passo. Já tinham passado da estalagem há dois dias e seguiam em direção a Edo. Apesar da distância que Genta estabelecia entre os dois, Mosuke parecia persistir em diminui-la.

— Consigo reconhecer quando um homem é assombrado por si mesmo. Principalmente se ele acorda com o olhar que você tinha.

— Não sei se você percebeu, mas esse é apenas o olhar de quem vive da forma que eu vivo. Não faria tantas perguntas idiotas se tivesse participado de uma guerra.

— O que o faz pensar que não? — Pela primeira vez Mosuke demonstrava raiva e indignação em sua voz. — Acha que também não sofro com pesadelos à noite? Imagens de lares sendo reduzidos a cinzas e pessoas sendo mortas após implorarem por suas vidas? Um médico é tão requisitado na guerra quanto um guerreiro!

— Se essas coisas te fazem sofrer, então não temos nada em comum. A sua especialidade é curar o sofrimento das pessoas. A minha é causá-lo. E fui muito bom nisso.

Depois de um longo período de silêncio, Mosuke arriscou dizer:

— A verdadeira diferença entre você e eu é que eu não posso achar o sofrimento causado pela injustiça como sendo normal.

— Claro que é normal. Não há coisa mais natural nesse mundo do que o fraco ser vítima do forte. Se quer impedir uma injustiça, doutor, seja forte e acabe com o injusto. Se não tiver poder, você não terá sua justiça.

— De nada adianta o poder se não houver vontade para guiá-lo. Existe algo pior do que ser um homem sem poderes, espadachim, muito pior: é ser um homem sem sentido.

Genta soltou uma alta risada e respondeu com um toque de ironia:

— Pois daqui não parece.

— Você estava ouvindo, mas não estava entendendo.

— Deixe eu adivinhar: o sofrimento acabará se eu aprender a forma certa de se viver, então minha alma estará no caminho da iluminação, de onde nunca mais precisará voltar a este mundo, é isso? Essas besteiras foram ditas para as pessoas se sentirem melhor. Acreditar que a vida tem um sentido é muito mais fácil que encarar um mundo que não tem compaixão. A única forma de sofrer menos nesse mundo é sendo o mais forte. Este é o único sentido que vejo na vida.

— Ou, talvez, a verdadeira coragem esteja em reconhecer que, ao invés de perambular a esmo em um mundo caótico, haja um caminho a ser seguido durante a vida, e que esse caminho depende da sua vontade.

— Levo a vida do jeito que fui obrigado a levar. Se eu fosse alguém fraco como você, precisaria que outro me protegesse ou já estaria morto. Por isso, só confio na minha força. Não posso confiar minha vida em algo que não posso ver.

— Mas eu não falo de um mundo que você não possa ver. Falo de uma atitude que você pode tomar em sua vida. Quem disse que estou falando de Buda? Embora eu também seja um devoto, não estou dizendo que deva seguir o caminho dele, apenas o *seu* caminho.

Genta parou diante daquela afirmação. Fazia muito tempo desde que ouvira alguém lhe falar em "seu caminho". Ficou levemente hesitante, mas disfarçou a inquietação na voz:

— E se essa atitude que está me propondo contrariar tudo o que tive que aprender para ficar vivo?

— Por essa razão que tomar o seu caminho é o que realmente exige coragem.

Ao final da estrada, já podiam ver as casas ao redor de Edo.

— Ronin... — continuou Mosuke. — Você pode seguir a vida do jeito que deseja. Encontrar um caminho não é fácil, e não são todos que têm coragem de segui-lo.

25

Aquele aglomerado de casas parecia uma colmeia salpicando de vespas. Edo se tornava rapidamente uma metrópole, agora que era a capital do Japão. A comitiva se embrenhava pelas ruas fervilhantes e as crianças apontavam e comentavam os diversos perfis que cruzavam o seu caminho. Passaram encantadas por uma forja onde o ferreiro, suado diante do fogo, ecoava o som de batidas metálicas, à medida que trabalhava com sua marreta. Adoraram uma dupla de artistas de rua, na qual uma mulher tocava um *shamisen* e cantava de forma alegre, enquanto uma criança dançava e fazia caretas ao som de sua música. Mosuke quis deixar as crianças assistirem o espetáculo para a descontração de todos, mas Genta não teve paciência de esperar.

Mais à frente, passaram por um cortejo de pescadores carregando seu peixe para ser vendido. Genta sentiu uma pontada de nostalgia diante da cena, e quem imaginaria que aquele *ronin* tinha a pesca em seu passado? Na verdade, naquele lugar tão variado devia haver trajetórias tão inusitadas quanto a dele. Gente de todos os cantos do Japão, de todas as formas de ofício, trazia suas histórias para essas ruas em um festival de rostos, sons e cheiros. O cheiro de peixes, fogo e suor. O som de trabalho, negócios e fofocas. Todas as personagens por quem tinham passado, o ferreiro, os artistas, os pescadores, deviam ter lembranças de lugares longínquos, e de histórias cujos capítulos eram ocultos para quem as via só de passagem. Quantas vezes pensamos nas histórias dos anônimos que cruzam o nosso caminho?

— Vê o que há de bom na paz? — perguntou o médico, quebrando o devaneio do *ronin*. — Todas essas pessoas têm uma chance para uma nova vida nessa era de paz.

— A paz não testa as pessoas como a guerra. Eles nunca mostrarão ou descobrirão seu verdadeiro valor em uma era de paz.

Nessa multidão, surgiam outras figuras que requeriam a atenção de Genta: os *ronins*. Gente como ele. Homens brutos, pouco amistosos, armados e... sem rumo. De cada *ronin* em cada esquina podia-se ter a certeza de uma coisa: viera desesperado para Edo, vagando de lugar em lugar na busca por serviço. Meses, provavelmente anos oferecendo a única vocação que tinha: usar sua espada. O que eles fariam em Edo? Em nenhum lugar havia mais guerras. Em vez dos campos de batalha, agora se aventuravam no submundo para conseguirem trabalho como guarda-costas, leões de chácara, cobradores de dívida, assassinos de aluguel ou lutadores de rua, fora os infelizes que se viam forçados a vender a espada e passar a vida nas ruas implorando pela bondade alheia. Aqueles que uma vez foram indispensáveis na guerra nada mais eram do que um problema social na paz, e Genta era só mais um deles.

De repente, a multidão abria caminho para um cavaleiro de postura altiva, até arrogante, em cima da montaria. Ah, devia ser um magistrado. Nem todos os guerreiros lamentavam o tempo de paz, afinal. Alguns tiveram a sorte de ter nascido em um clã de samurais que servira a gerações de famílias nobres. Para tais homens, a posição lhes garantia funções na administração pública, como policiais, magistrados, cobradores de impostos, oficiais de justiça e censores. De cima de seus cargos, os samurais olhavam para aquela massa desafortunada de mercenários como cães sem honra, mas é muito fácil falar em "honra", quando não se está de barriga vazia.

— Muito bem. Estamos em Edo e vocês estão inteiros — declarou Genta.

— Você cumpriu seu dever conosco. Estamos agradecidos — disse Mosuke enquanto tirava uma generosa quantia de moedas da bolsa. — Vamos procurar uma estalagem para passar a noite. Gostaria de vir com a gente?

Não — respondeu Genta, ríspido. — Os lugares onde posso arrumar trabalho não são para vocês. — E seguiu pela multidão, ignorando os gritos e acenos de despedida das crianças às suas costas.

Já era noite, as ruas ficavam desertas, e aquela não era a melhor parte da cidade. Era um terreno fértil para Genta. Ao longo do dia, perguntou onde estavam os piores pontos que as figuras do submundo de Edo frequentavam. Percebeu que estava na pista certa quando as respostas mudavam de um polido: "Não iria lá, se fosse você..." para um rude "Quem quer saber?". Se houvesse alguém disposto a contratar um brutamontes para um trabalho sujo, era lá onde procurariam também.

O silêncio nos becos era absoluto, até que Genta pôde ouvir uma agitação ao longe. O típico som de risadas e xingamentos regados a álcool e a grosseria característica das figuras da noite. Era uma taverna. Bem apropriado para os empreendimentos em Edo.

De súbito, ouviu vozes logo atrás dele. O veterano de guerra sempre ficava atento com qualquer coisa às suas costas, mas sabia que se tratava de uma conversa descontraída, sem intenção agressiva. O *ronin* percebeu sua deixa. Deliberadamente, escorregou para o lado, esbarrando no homem que vinha atrás.

— Olha por onde anda! Saia do meu caminho! — rosnou um brucutu grande e com alguns dentes faltando. Ele e mais três espadachins fitaram o forasteiro no meio da rua deserta. Genta se manteve calmo e apenas os encarou de volta. Sua postura impassível deixou o líder deles levemente desconfortável, e silenciosamente se retiraram, deixando aquele estranho em paz. "Aqui não há testemunhas", pensou Genta. Não havia propósito em começar uma briga ali. Mas quando viu aquele quarteto entrando na taverna, abriu um sorriso lupino: "Agora sim".

O mercenário passou pela entrada, procurou os quatro "conhecidos", escolheu uma mesa ao lado da deles, pediu um gole de saquê e esperou. Era tudo que precisava fazer. Estava ciente de que, desde o momento de sua chegada, os olhares estavam em cima do forasteiro. Era um ambiente ideal, preenchido com homens com espadas nas cinturas, punhais nas mangas, cicatrizes nos corpos e malícia nos olhos. Gente dessa laia sempre quer testar a carne fresca que lhes é dada. O dono do bar trouxe o saquê. Genta se servia calmamente enquanto ouvia os passos se aproximando.

— Você está procurando encrenca, não é? — questionou o líder da gangue, lá de fora.

O forasteiro continuou o gole de saquê como se não tivesse ouvido nada, deixando o homem ainda mais irritado.

— Nunca te vi por essas bandas.

— Deve ser porque não sou daqui — retrucou Genta, deixando claro que aquela era a resposta mais óbvia do mundo.

— Então é por isso que não sabe quem é Jakken, o maior cobrador de dívidas de Edo.

Outro brutamontes se postava ao lado de Jakken, e mais dois se posicionavam de cada lado atrás de Genta, cercando-o.

— É comigo que todos vêm falar quando querem receber o que lhe é devido — continuou o bruto ao som do estralo das juntas de seus dedos. — Eu ganho a vida com o poder destes punhos, está vendo?

O *ronin* aparentava tranquilidade, mas, ao mesmo tempo, desenhava em sua mente como iria lidar com cada um deles. De maneira velada, pegou a garrafa de saquê como se fosse se servir de outra dose. Simultaneamente tocou levemente o punho de Kaigan. Cada parte de seu corpo estava preparada para reagir, ao mesmo tempo que ele permanecia calmo. Após muitos e muitos anos de experiência, você tem a confiança para saber quando não está diante de uma grande ameaça pela simples postura e bravata de seu inimigo. Finalmente, Jakken se inclinou sobre a mesa, para que Genta pudesse sentir seu mau hálito:

— Parece que vamos ter que te ensinar quem é quem por...

Antes que a frase terminasse, Genta bateu o cabo da espada para baixo, empinando a bainha bruscamente e acertando no meio das pernas de um dos adversários que estava atrás. Logo em seguida, girou para o outro lado e quebrou o odre de saquê no outro inimigo que estava às suas costas. A mão de Jakken buscou sua própria espada que tinha na cintura, mas o punho de Genta chegou primeiro em seu nariz. Genta pulou sobre a mesa e afundou sua sandália no rosto do comparsa próximo a Jakken.

O cenário era animador: um inimigo curvado e com as mãos na virilha como se precisasse urgentemente de um alívio. Outro tombado e segurando a testa como se sofresse de enxaqueca. Jakken e seu companheiro cobrindo as faces, escondendo os narizes que sangravam. Era hora de trocarem algumas palavras, pois agora levariam a sério o que teria a dizer:

— Já sentiram o sabor do meu saquê. Talvez seja muito forte para vocês. — Genta desembainhou Kaigan para dar mais peso à sua prosa. — Eu não recomendaria experimentarem outra dose. Podem passar muito mal.

— C-certo... d-desculpe incomodá-lo, senhor! — grunhiu Jakken, debandando junto com seus homens, cabisbaixos e exalando vergonha. O forasteiro aproveitou seu momento de atenção para se dirigir ao público:

— Esses lixos não eram guerreiros. Duvido que já tenham estado em um campo de batalha. Rufiões e lutadores de rua são o melhor que há em Edo?

Seu desafio foi cortado por um pigarro. Aquilo podia implicar em duas situações: mais carne para ser surrada ou cortada, ou era exatamente a razão de Genta ter feito esse espetáculo.

— Com licença, caro forasteiro — disse um homem de voz mansa e físico nem um pouco impressionante. Nada nele sugeria habilidades para causar dor ou morte. — Não se deixe enganar com a escória desse estabelecimento tão chinfrim. Nesta cidade há sim grandes talentos. Está claro que você é um deles. E todos eles se encontram na nobre casa onde só a elite é selecionada.

Alguns fregueses começaram a gargalhar diante da palavra "nobre", mas uma varrida do olhar daquele sujeito os calou como um general diante das tropas. Ele continuou:

— E um talento como o seu também pode ser apreciado por lá. Eu o convido a conhecer o nobre estabelecimento de Kawamaru Kansuke. Lá suas habilidades serão bem recompensadas.

Genta não pensou duas vezes em embainhar a espada e seguir o desconhecido até a saída, quando outra voz, a do taberneiro, o fez parar:

— Toramaru pode dizer que os melhores assassinos de Edo trabalham para Kawamaru, mas é mentira. Os melhores assassinos dessa cidade trabalham para eles mesmos.

— Talvez. — respondeu Toramaru. — Mas os mais bem pagos sem dúvida estão lá. Acompanha-me, senhor. — E conduziu Genta porta afora.

Havia poucos tipos nos becos mal-iluminados já tão tarde da noite. Genta e seu guia facilmente se misturavam às figuras nas sombras. Absortos em suas confabulações, as personagens do submundo pareciam ignorar o forasteiro. De repente, elas pararam de falar e demonstravam certa apreensão. Genta viu mais à frente os transeuntes abrirem caminho apressados para um grupo de homens.

— Quem são aqueles? — perguntou Genta.

— Todos os chamam de *Kabukimono*. — Foi a resposta de Toramaru.

Era fácil reconhecer pela postura que não se tratava de uma mera gangue de rufiões como a que liquidara na taverna. Esses eram verdadeiros *ronins*. Mercenários veteranos de guerra, afeitos a lutar por suas vidas no meio do empurra-empurra, bem como tirar a de outrem. Pelo medo que inspiravam nos passantes, era claro que deviam estar no topo da hierarquia do submundo.

— Toramaru, nem preciso enxergá-lo pra saber que é você — disse o *ronin* mais à frente, que devia ser o cabeça do bando.

— Por que eu sou o único que não abre passagem para vocês? —respondeu o anfitrião de Genta.

— Porque um vulto magrelo como você, andando tranquilamente em um bairro como esse, a essa hora, só poderia ser o cachorrinho de Kawamaru! — a piada do líder arrancou gargalhadas dos comparsas.

Para a surpresa de Genta, porém, ele notou, debaixo da fraca luz dos lampiões, que o líder do cortejo não lhe era estranho. Enquanto Toramaru se retorcia diante da humilhação, Genta deu um passo à frente, e o riso cessou.

— Quem é o forasteiro? — questionou o cabeça. — Não tem respeito? Se der mais um passo...

— O quer que pretenda fazer, vai terminar do mesmo jeito de quando lutávamos com *bokkens* sob os berros de Akamatsu.

— G-Genta?

— Já faz um tempo, Gekki.

— Ainda estou respirando. Imaginava se você também estava.

— Parece que se deu bem aqui em Edo.

— Foi a melhor coisa que fiz depois da guerra. Vim para cá procurando emprego. Em pouco tempo, conheci os piores cascas-grossas da região e percebi que não precisava mais trabalhar!

Genta sabia o que aquilo significava: o bando de Gekki não passava de uma gangue de bandidos como qualquer outra. Talvez por isso fossem chamados de *kabukimono* — os loucos. A fala e o olhar do líder deles continuavam ferozes como os de um lobo.

— Haveria também um lugar no bando para alguém como você. — Começou Gekki. Mas Toramaru se cansara de ser um expectador daquela conversa:

— Eu tenho certeza de que ele achou essa proposta encantadora, mas eu já o recrutei para o senhor Kawamaru!

Genta parou para pensar um instante nas possibilidades, mas nunca gostou da ideia de roubar. Além disso, Gekki nunca tinha sido um amigo realmente próximo. Se viu forçado a concordar com Toramaru, por mais irritante que esse sujeito se revelasse:

— Ele tem razão. Já consegui trabalho.

— Bom pra você então —disse Gekki, pouco impressionado. — Aprecie a companhia que você vai ter de agora em diante! — e seguiu rindo alto junto com seus homens.

— Vagabundos arrogantes! — resmungou Toramaru pelo resto do percurso. — Não sabem o seu lugar!

Genta pensava no que Gekki quis dizer com "aprecie a companhia". Será que estava sendo irônico? Ou podia se esperar pessoas agradáveis nesse trabalho? Bom, se isso era verdade, Genta já tinha certeza de que seu ex-colega não estava falando de seu novo anfitrião.

26

— Bem-vindo à casa de prazer de Kawamaru Kansuke, o mais magnífico bordel de Edo!

Toramaru parecia o arauto de um lorde ao guiar Genta pelo seu novo local de trabalho. Passaram por celas de onde mulheres bem enfeitadas os espiavam. Lembravam pássaros de plumagem vistosa presos em uma gaiola. O anfitrião levou o recém-chegado escada acima, passando por quartos onde os clientes não escondiam o entusiasmo. A despeito da tagarelice de Toramaru, Genta se atentava à função que exerceria. Percebia seguranças armados em locais estratégicos. Eles ostentavam tranquilidade, ao mesmo tempo que sua presença dizia tudo. O patrão deles conseguia uma dosagem certa de discrição e intimidação, qualidades caras a esse ramo.

Finalmente chegaram a um cômodo isolado no andar de cima. Os *ronins* postados um de cada lado da entrada salientavam a importância daquele ponto. Toramaru foi na frente, anunciou-se, então abriu o biombo para Genta. Era um quarto comum, onde um homem gordo de meia idade sentava-se no chão, atrás de uma mesinha com saquê e bandejas.

— Então essa é a nova safra? — interrogou Kawamaru com sua voz estridente. — Gosto de inspecionar a qualidade de tudo que admito sob meu teto, garotas, seguranças e até a comida.

— Sei disso, senhor, sei disso. — Começou Toramaru. — Por isso tive o cuidado de...

— Não estava falando com você, idiota — cortou Kawamaru. —Estava falando com nosso convidado.

Enquanto Toramaru parecia se recobrar de um susto, Genta permanecia impassível. Sabia ser parte do jogo ser avaliado como mercadoria. "Todos descartáveis" foi o que Akamatsu lhe ensinou.

— Já que começou a falar, Toramaru, por que não faz o favor de me dizer onde o encontrou?

— Sim, senhor! Ele não é daqui...

— Poucos são. E pouco me importa de onde ele veio. Quero saber o que há de especial nesse aí?

— Sim, senhor! Eu estava procurando talentos em potencial na taverna de Kazemaru, como eu sempre faço, e então vi esse forasteiro surrar Jakken e mais três de seus rufiões musculosos, sem nem mesmo desembainhar a espada!

— Bem, quatro homens grandes é o tipo de serviço que arrumará aqui na maior parte das vezes. Em algumas, talvez apareça um samurai habilidoso. Mas entenda que eu prezo pela discrição e resolução rápida de problemas. A casa de prazer de Kawamaru tem uma clientela seleta e um nome a zelar. Acredita estar à altura do serviço, meu caro?

— Eu causo dor quando preciso, e geralmente dá certo — declarou Genta.

— Está bom para mim. O pagamento por mês é de 400 ryus. Está do seu agrado?

As sobrancelhas de Genta se ergueram. Esse seria o trabalho mais bem pago desde as guerras. Apressou-se em dizer:

— O serviço é meu.

Todos os olhos firmavam-se naqueles dados. O crupiê os jogava e então os cobria com uma tigela.

— Façam suas apostas!

— Par!

— Ímpar!

Os jogadores rezavam mentalmente para que as deidades da fortuna fossem generosas esta noite. Depois que as apostas terminavam, o crupiê fazia um ligeiro suspense para que a tensão subisse como água quente borbulhando em uma panela. O silêncio era tanto que alguns naquela sala deviam estar prendendo a respiração. Suor chegava a brotar em algumas testas. Finalmente, o crupiê levantava a tigela e revelava o número dos dados. Os sortudos uivavam de alívio e euforia. Os azarados, sempre em maior número, iam às lágrimas em seu desespero.

— É fascinante. — Começou Toramaru. — Eles perdem, perdem e continuam achando que podem ganhar. Não estão apenas perdendo jogadas. Estão perdendo dinheiro, negócios, casas e até famílias. Mas, por alguma razão, acreditam que a sorte irá lhe sorrir no último minuto antes da noite terminar.

Genta dava uma última olhada na casa de jogos de Kawara, um parceiro de negócios de Kawamaru. Vez ou outra o seu patrão era generoso em emprestar seguranças em nome da parceria, pois essa lhe rendia numerosos frutos. Basicamente, Kawara era o maior fornecedor de mulheres para o bordel, pois muitas das dívidas contraídas em sua casa de jogos eram quitadas com esposas ou parentes. A razão pela qual Kawara precisava de uma proteção extra era Gekki e seus *kabukimono*. Os negócios locais eram impiedosamente extorquidos pela gangue, sendo forçados a entregar uma soma considerável de seu faturamento, sob a pena de terem os estabelecimentos, ou as vidas, reduzidos a cinzas. Na verdade, Gekki e seus homens eram mais habilidosos e violentos do que muitos dos leões de chácara de Kawamaru. Quando Genta questionou Toramaru do porquê de não haver um embate entre os dois, o vassalo riu e respondeu como se dissesse o óbvio:

— Claro que aqueles vagabundos correm o risco de esquecer qual é o lugar deles. Mas, por outro lado, pense um pouco: até que ponto compensa para essa escória arriscarem o próprio pescoço se puderem evitá-lo? É bem mais fácil continuar extorquindo simples comerciantes que não oferecem risco.

Perto da entrada, Genta reconheceu o valentão que surrara na taverna em sua primeira noite em Edo: Jakken, o cobrador de dívidas. O brutamontes trazia uma bolsa pesada, cujo conteúdo sem dúvida era dourado. Sua mão fechada em torno do item revelava as juntas dos dedos vermelhas e machucadas, sinal de que precisaram ser utilizados na última "negociação". Provavelmente se tratava do débito de algum infeliz que não soube quando encerrar as apostas. Um funcionário da casa de jogatina recebeu a sacola, revirou o seu interior e depositou parte da quantia na palma estendida do bruto. Terminada a transação, os dois deram-se as costas sem cerimônia, foi quando o olhar de Jakken encontrou o de Genta. O cobrador de dívidas expressou um claro rancor em seu rosto, mas sabia que não podia fazer muita coisa, e retirou-se porta afora como um cão que rosna antes de pôr o rabo entre as pernas.

De volta ao seu posto, o leão-de-chácara caminhava por entre as celas das prostitutas. Com o tempo, por detrás da farra e provocações aos clientes, era possível perceber nos olhares daquelas mulheres resquícios de tristeza, nostalgia e arrependimento.

Assim como os migrantes nas ruas de Edo, as mulheres daqui deviam trazer muitas histórias consigo, a maioria delas trágica. Muitas deviam ter começado bem cedo, tendo sido vendidas pelos pais. Algumas eram casadas e tinham filhos. Aceitavam esse tipo de trabalho para pagar as dívidas da família. Algumas podiam ter sido simplesmente sequestradas e vendidas ao bordel. Não devia ser nada agradável estar no lugar delas.

Nesse momento, ouviu uma pequena comoção na entrada. Imaginando se teria que expulsar algum pobretão achando que poderia se dar bem, Genta estralou os nós dos dedos e respirou fundo.

— Não sei se você atende os nossos requisitos, mocinha — questionava um dos seguranças da entrada, hesitante. — Você deve ter o quê? Uns 12, 13 anos?

Genta chegou mais perto e ficou muito surpreso com quem vira: era Ayame, a menina mais velha que viajava com aquele médico. O que ela estaria fazendo aqui?

— Nosso padrão aqui é elevado. O que você teria...

— Não seja precipitado, idiota. —Toramaru aparecia do nada, ávido para bancar o inspetor de mercadoria humana. — Não é sua função julgar quem é admitido aqui ou não.

— Desculpe, senhor...

— A fruta ainda não me parece verde — comentou Toramaru dirigindo-se para a menina. — Sem falar na falta de experiência. Não é bem o produto que queremos vender a preço alto...

— Preciso de trabalho! — Insistiu Ayame com as sobrancelhas franzidas e olhar determinado. Toramaru parou um breve momento medindo-a e ponderando consigo mesmo. Por fim, decidiu, com um olhar malicioso:

— Pensando bem, talvez você atraia uma clientela específica. Há clientes que pagariam bem para acabar com a sua "inexperiência", por assim dizer.

Ayame foi admitida e seguiu com Toramaru. Ia passar reto por Genta se este não tivesse lhe dirigido a palavra:

— O que veio fazer aqui?

— Ah? Proteger minha família... — respondeu a garota, em um sussurro entristecido. — Pergunte aos da sua laia.

Toramaru entreouviu a conversa e se aproximou de Genta.

— Conhecida sua?

— Sim.

— Nenhum laço familiar ou afetivo que vá atrapalhar os nossos negócios, eu espero.

— Nenhum — disse Genta secamente, apertando a bainha na cintura. — Não se preocupe. — E ficou vendo os dois subirem ao encontro do tão generoso patrão.

27

O sol estava bem forte, parecendo acompanhar a agitada dinâmica de Edo. As ruas estavam movimentadas com os comércios absortos na rotina. Enquanto trabalhadores braçais, vendedores e artistas salpicavam as ruas, um *ronin* caminhava melancólico, sem saber ao certo se deveria ir para onde estava indo.

Genta achara muito estranha a ida de Ayame para o bordel, aquele médico não parecia ser do tipo que vendia a filha, mesmo que estivesse afundado em dívidas. Perguntara por aí onde poderia encontrá-lo, e soube de uma clínica aberta recentemente nos arredores da cidade. Parece que os negócios estavam indo bem. Para quê, então, mandar uma criança para um bordel?

Finalmente estava diante da clínica. O *ronin* pensou um pouco se devia mesmo entrar. O que ele tinha a ver com isso? O que ele veio fazer aqui, afinal? Suspirando, Genta entrou. Não havia ninguém. Que estranho. Chamou. Olhou. Esperou. Até que ouviu um movimento vindo dos fundos.

— Quem está aí? — perguntou.

Um garoto apareceu brandindo uma vassoura na mão e parou ao ver Genta. Eles se reconheceram. Era um dos meninos mais novos que acompanhavam o médico. Parecia estar esperando más visitas.

— V-você? O-o que está fazendo aqui?

— É... — O *ronin* parecia sem jeito, como se tivesse invadido uma reunião que não era de sua alçada. —Você tem visto a sua irmã?

— Ah! Você tem notícias dela? — Os olhos do menino se clarearam.

— Bem, eu...

— Você a encontrou?

— Do que está falando?

— Ela está desaparecida há três dias! O Dr. Mosuke e o Mamoru ainda a estão procurando!

— Desaparecida... sei. — Genta estava começando a entender. — Você é o...?

— Kohaku!

— Escute, Kohaku, vocês têm tido algum problema por aqui?

O menino olhou para o chão, tristonho. Um misto de preocupação, tristeza e raiva saíram junto com sua voz:

— *Kabukimono*...

Genta ergueu uma sobrancelha. Kohaku continuou, enquanto apertava as mãos em torno do cabo de vassoura.

— Eles vêm cobrar uma taxa semanal de todos os comércios do bairro para deixá-los funcionando. Pra cada dia que o pagamento atrasar, um membro será cortado ou quebrado. A última pessoa que se recusou prontamente a pagar teve a cabeça arrancada na frente de seu estabelecimento para servir de exemplo. Eles são muito cruéis... aqueles malditos!

— E vocês? Estão pagando devidamente?

— Temos pago tudo o que pedem, mas... existe um limite. Se continuarmos assim, manter a clínica será insustentável...

— Essa clínica é mesmo tão importante para vocês a ponto de... — Genta segurou a língua. Quase revelou o paradeiro de Ayame. Mas era intrigante uma menina chegar àquele extremo para manter um negócio.

— Claro que é! — Esbravejou Kohaku com lágrimas pingando. — Foi atendendo aos enfermos que o Dr. Mosuke chegou a cada um de nós. Curar é a coisa mais importante da vida dele e nos ensinou como é precioso dar à vida humana mais alguns anos. Viemos de muito longe para atender um grande número de pessoas... e agora... e agora... — O garoto jogou a vassoura com força no chão. — Não é justo! Só queríamos ajudar esse mundo! Por que ele não pode deixar que o ajudemos?

— Porque ele não recompensa a generosidade, recompensa a força —sibilou alguém atrás de Genta.

Kohaku parou de chorar e arregalou os olhos molhados em uma expressão de puro terror. Os *kabukimono* estavam bem ali na porta, encabeçados pelo cruel Gekki.

— Genta, o que diabos está fazendo aqui? O cafetão não está te pagando o suficiente? Achei que pagassem bem por lá...

— O que você está fazendo aqui?

— Não é óbvio? Viemos buscar a nossa humilde quantia, mas é claro. Onde está o inútil daquele médico, aliás?

Kohaku se empertigou e gaguejou ao responder:

— E-ele está procurando Ayame...

Gekki olhou bem para o menino e então surgiu em sua face feroz um prazer que logo tornou-se em gargalhadas. "Ele sabe", imaginou Genta.

-Não precisa mais procurar, fedelho! Aquela pirralha me mandou um recado lá do bordel dizendo que irá garantir uma parte do meu dinheiro!

A face de Kohaku mudou do medo para o choque profundo. O garoto simplesmente perdeu a cor das bochechas.

— O-o que está dizendo? Bordel? Ayame no bordel?

— Isso mesmo, moleque. Sua irmã, ou seja lá o que ela for sua, tornou-se uma mulher da vida, e vai abrir as pernas todos os dias para pagar o que o seu pai devia me dar sozinho!

Genta pegou-se desconfortável com aquela situação. Pobre garoto. Pobre garota. Pobre médico. Pobre família. Então teve um mal pressentimento quando a expressão do pequeno Kohaku se transformou do choque para o mais puro ódio, e repentinamente catou a vassoura do chão e se lançou como uma flecha em um ataque impensado contra Gekki. Sem o mínimo esforço, o ex-mercenário segurou a vassoura e pegou a criança pelos cabelos.

— Ora, ora, parece que o nosso pequeno amigo aqui quer aprender a usar uma espada. — Gekki parou para ouvir as risadas sádicas de seus homens antes de continuar. — Venha conosco, vou te ensinar sua primeira e mais valiosa lição de luta.

A gangue saiu para a rua movimentada, arrastando o garoto junto com ele.

— Kagemori Mosuke! — esbravejou Gekki. — Onde você está, seu médico de araque?

Os passantes ficaram inquietos e apreensivos. Já anteviam o desfecho da estória. Após pouco tempo de espera, Mosuke abriu caminho entre a multidão junto com o pequeno Mamoro, até congelarem diante da cena.

— O que é isso? Kohaku!?

— Dr. Mosuke! — Chorou o pequeno. — Ayame está em um bordel!

Mosuke permaneceu mudo por alguns instantes, como se assimilar aquela informação fosse equivalente a deixar um punhal entrar em seu cérebro.

— É verdade — sussurrou Genta, ao lado dele. As palavras pareceram trazer Mosuke de volta de um transe e o lembraram de interceder por Kohaku:

— Deixem-no em paz! Por que estão fazendo isso?

— Tenha calma, doutor. — Riu Gekki sarcástico. — Não farei mal... a ele. Mas esse outro moleque já é outra estória. Traga-o aqui, Hyuma!

Um dos *kabukimono*, um gigante que carregava um *kanabô*, tirou Mamoro do lado de Mosuke e o ergueu pela gola do quimono.

— Espere! — Intercedeu Mosuke. E começou desesperadamente a tirar moedas de todos os cantos de suas roupas. —Tenho dinheiro! Irei lhe dar o que quiserem! Não precisam fazer isso!

— Ah, precisamos sim. — sibilou Gekki. E o seu tom de voz subitamente perdeu a jocosidade sarcástica para assumir uma seriedade ácida. — Preste atenção, pirralho... — dirigindo-se a Kohaku, ainda preso pelos cabelos. — Quer aprender como usar isto? — e desembainhou a espada lentamente. — Quer deixar esse seu lugar insignificante e sofrido destinado aos fracos? — Apontou a lâmina na direção de Mamoro, segurado por Hyuma. — Quer chegar a um lugar de poder e segurança destinado aos fortes?

Mosuke correu na direção dos três, pronto para tentar impedir o que quer que fosse ocorrer, mas outro *kabukimono* acertou o cabo da alabarda em seu estômago, fazendo-o cair de joelhos, então pousou a haste firmemente sob suas costas para prendê-lo no chão. Gekki continuou:

— Só há um jeito certo de você conseguir isso. Sinta ódio. Sinta ódio de mim, por lhe tirar aqueles que lhe são queridos, mas sinta ódio principalmente de você mesmo, porque não foi capaz de protegê-los. Sinta culpa! Seja torturado dia e noite pela culpa enquanto os anos passam. Então odeie a si mesmo por ser um fraco. Odeie a sua condição de fraqueza. Odeie a sua insignificância tão profundamente ao ponto de jurar que nunca mais deixará ninguém fazer mal a você de novo. E só assim você estará no caminho de se tornar forte. De se tornar... livre neste mundo.

Enfim, Gekki ergueu a espada e a desceu em um corte definitivo. Porém, não houve sangue nem o som de carne cortando ou das lamúrias que antecedem a morte. Apenas o baque metálico de aço contra aço. A lâmina de Gekki tinha encontrado a lâmina de Genta.

— Chega! Você não precisa fazer isso — disse.

— Você sabe que cada palavra do que eu disse é verdade.

— Não desminto nada do que você disse. Mas eu agradeceria qualquer um que tivesse *nos* ajudado naquele momento.

— Então você não teria vivido o mundo da forma que ele é.

As espadas se descruzaram, e ambos ficaram se encarando em silêncio. Todos os olhos estavam centrados naqueles dois. Os transeuntes, os *kabukimono*, Mosuke, Mamoru e Kohaku.

— Você sabe muito bem porque eu vou fazer isso. — Provocou Gekki. — E a resposta sempre foi satisfatória para nós dois.

"Porque eu posso", pensou Genta. Costumava ser a resposta mais natural do mundo, mas hoje, não era suficiente.

— Não, você não pode. Eu não vou deixar.

— Até parece que é algo diferente do que você e eu fazíamos nas guerras.

— As guerras acabaram.

— Acabaram? — Gekki explodiu em uma gargalhada triste e forçada. —Nunca irão acabar para nós! Quando os grandes exércitos foram dispensados, nós surgimos! Aqui estamos! Ainda travando nossas guerras! Ingênuos foram todos aqueles que acreditaram que acabar com a guerra traria paz! Não, não há como haver paz nesse solo, pois ele viu a guerra por tanto tempo que não sabe e não quer mais viver sem ela. Tenho mais medo de enfrentar esse mundo de paz do que de ser decapitado no campo de batalha, porque a guerra era o único caminho para homens como eu e você. Agora não temos caminho nenhum.

Gekki fitou Genta por mais alguns tensos instantes, e pareceu que iam jogar-se em um duelo fatal. Mas diante da firmeza fria de Genta, o outro decidiu apenas dizer:

— Se interferir no que não é da sua conta mais uma vez, será esmagado por todos nós. Vamos embora.

Os *kabukimono* deram as costas e partiram, dispersando a multidão de transeuntes. Enquanto Genta embainhava Kaigan, notou as crianças correndo para abraçar Mosuke. Observou brevemente a comoção de abraços e lágrimas entre os três, até que declarou:

— Você é um fraco, como ele disse e eu disse. Não foi capaz de proteger suas crianças, e o que acha que será delas agora? Você nunca terá paz, médico. Os fracos não têm paz.

Mosuke enxugou as lágrimas e ergueu a cabeça.

— Você tem razão, espadachim. Eu sou fraco. Sou impotente. Não pude proteger meus meninos de quase serem mortos, e não pude impedir minha menina de trabalhar em um bordel para pagar aqueles que nos ameaçam. Não posso fazer nada para impedir que a injustiça destrua a minha família... — Ele fungou e abraçou firme as crianças. — Perdoem-me crianças. Perdoem-me por não poder fazer nada. — Então olhou para Genta com uma expressão de pena. — E você, consegue ver sua própria fraqueza, espadachim?

— Vai repetir a mesma ladainha que disse na estrada?

— O seu amigo já fez isso por mim. Como eu disse, há destinos piores que ser um homem sem poder. É ser um homem sem sentido.

Genta deu as costas e, antes de ir embora, falou por cima do ombro:

— Você pode ter um sentido, mas é digno de pena. E eles podem ser odiados, mas têm poder. Não importa o que há de bom em seu coração, médico, a pena é pior do que o ódio. Pois, no fundo, qualquer pessoa sempre prefere ser algoz, porém poderoso; do que boa, porém vítima.

28

O céu nublado anunciava um dia chuvoso. Ainda assim, o movimento continuava intenso na casa de Kawamaru. Clientes e prostitutas passavam pelos leões de chácara, firmes como muralhas nos corredores. Um deles, porém, estava com a cabeça tão enevoada quanto o céu lá fora. Genta tinha lampejos da voz de Gekki e de Mosuke em sua mente, e as palavras do dia anterior continuavam ecoando. Até que seus pensamentos foram interrompidos por uma leve algazarra vinda de um cômodo próximo a ele. Era comum ouvir ruídos vindos dos quartos, mas a voz, nesse caso, destacava-se por conter raiva.

— Quem você pensa que é, sua vadiazinha?

— Está tudo bem aí, caro senhor? — Bateu à porta.

— Cuide da sua vida! Posso resolver isso sozinho!

— Com todo respeito, senhor, mas estou cuidando da minha vida quando...

Ouviu-se um tapa, seguido por um gemido feminino e o som de objetos caindo. "Chega", pensou Genta, "Eu vou entrar".

Ao passar pela porta, Genta viu o cliente de pé, fechando o punho enquanto olhava para a garota no chão. Era Ayame, com uma expressão de dor e medo enquanto massageava o rosto brutalmente atingido. O homem se virou para Genta, furioso:

— Como você ousa entrar na minha privacidade?

— Tudo que se refere à sua segurança e a das mulheres, é assunto meu, senhor — respondeu Genta, o mais profissionalmente que conseguiu. — Agora, qual é o seu problema?

— Paguei caro por essa vadiazinha que me disseram ser virgem. Ela devia ser bem mais dócil, mas se recusa a fazer jus ao dinheiro que gastei e acha que pode me desprezar. Eu, um honorável homem de negócios, sendo desprezado por uma vadia virgem!?

— Senhor... — Genta ergueu as mãos em sinal de paz, e falava calmamente, como se tentasse apaziguar um cavalo relinchando. — Essa garota ainda é nova nessa vida. Como o senhor sabe, ela ainda é virgem. Tenho certeza de que podemos "domesticá-la" com o tempo. Por outro lado, podemos compensar o senhor oferecendo-lhe uma mulher mais experiente, talvez até duas para que não saia da casa de Kawamaru insatisfeito.

— Seu imbecil subalterno! Acha que pode me comprar como se oferecesse carne a um cão? O trato era de que essa era uma virgem inexperiente e eu a escolhi porque era isso o que eu queria! Agora me deparo com essa surpresa desagradável? Se vocês não fazem o seu trabalho como deviam, eu faço por vocês!

O cliente ergueu o braço para desferir um soco na pobre Ayame. Em um lampejo de tempo, Genta agarrou o homem pela gola, puxou-o e acertou um chute em seu estômago. O impacto do golpe jogou o cliente porta afora, esparramando-o no corredor. Os passantes — mulheres, fregueses e seguranças — viram a cena assustados e boquiabertos. Genta, porém, ainda estava dentro do quarto, com os punhos ainda erguidos, a respiração ofegante, a testa pingando, o coração batendo, os olhos fixos na cena do corredor e os pensamentos girando com o que tinha acabado de fazer. Ayame estava atrás dele, tão chocada quanto qualquer outro ali.

Finalmente, o corpo no chão esboçou um sinal de vida. O cliente se moveu, gemeu de dor e tentou se sentar. Quando olhou para dentro do quarto de onde fora arremessado, lançou ao leão de chácara um olhar de ódio que fez sua raiva de antes parecer um simples mau-humor matinal.

— Perder o seu emprego vai ser o menor dos seus problemas, amigo.

— Seu grande idiota!

De trás de sua mesa, Kawamaru lançou uma tigela de *misoshiro* no rosto de Genta. Sem fazer questão de desviar, o leão de chácara recebeu o prato na cabeça, deixando o caldo pingando por sua face. Apesar da cena ridícula, seu olhar para o patrão se mantinha friamente neutro. Toramaru assistia a tudo em seu canto, de cabeça baixa, em um misto de constrangimento e desaprovação. Kawamaru continuou rugindo:

— Sabe quem foi que você agrediu, seu inútil? Gatenmaru é um agiota com dinheiro e poder! É um ótimo parceiro! O que tinha nessa sua cabeça oca quando fez aquilo?

— Acho que estou despedido, não é, chefe? — sibilou Genta, com o máximo de paciência. — Não se preocupe. Sei onde fica a saída. — E virou-se para sair do recinto.

— Ei! Acha que pode simplesmente me dar as costas? Eu ainda não terminei com você!

Dois seguranças se moveram no corredor na direção de Genta. Ele nem se dignou a olhar para Kawamaru: — Cuidado. Agora você não é mais meu patrão. — E tocou levemente o punho da espada.

O cafetão cerrou os dentes e o punho. Engoliu em seco e, por fim, dispensou os seguranças com um aceno de mão. Genta deu mais alguns passos firmes, quando Kawamaru o chamou, agora com uma calma fria:

— Aproveite e leve aquela garota inútil com você também. Não preciso de ninguém que não trabalha. E se eu vir você aqui mais uma única vez, vou mandar arrancar sua cabeça.

Genta olhou para o ex-chefe e disse no mesmo tom:

— É justo.

Enquanto seguia para ir embora, pôde ouvir o cafetão esbravejando com Toramaru:

— E você, o maior imprestável de todos! Feche essa porta, pois vamos ter uma conversa...

Chovia lá fora. A rua, naturalmente, estava deserta. Apenas aquelas duas figuras estavam ali, lado a lado. Um homem alto e forte, com uma espada na cintura e um chapéu largo tradicional para protegê-lo da chuva, e uma menina bem menor que ele.

— Alegre-se porque você tem para onde ir — disse Genta a Ayame.

— E você?

— Eu apenas vou fazer o que sempre fiz... andar por aí.

Sem esperar qualquer despedida, o *ronin* deixou a garota e seguiu pela chuva. Só depois de alguns passos ele reparou como a resposta que dera à menina soara cansada em sua mente. Talvez ele estivesse mesmo cansado, mas do quê? O que o incomodava em retomar o estilo de vida ao qual já estava acostumado? Foi quando suas divagações foram quebradas pelo som de passos.

— Boa tarde, colega. — Era um homem carregando um cajado *bō* no ombro. Aparentava ser um rufião de rua. Genta pensou reconhecer aquele rosto de algum lugar. — Ora, ora, se não é o nosso homem!?

Então às costas de Genta apareceu outro e mais outro. Em pouco tempo, ele estava cercado por oito estranhos armados.

— Sim, cavalheiros... — ouviu-se uma voz conhecida. — Esse é o nosso homem.

Agora Genta lembrou-se de onde vira alguns desses rufiões: eram homens de Jakken, que surgia por trás de seus capangas, com os olhos cheios de malícia. Moveu-se até o centro do círculo formado por seus seguidores e parou alguns passos longe de Genta, para encará-lo.

— Em que eu posso te ajudar? — perguntou Genta sarcástico.

— Não é a mim que você deve responder. Só estou aqui a trabalho.

— Então... — riu outra voz familiar atrás de Jakken. — Eu te disse que perder o emprego era o menor de seus problemas.

O agiota Gatenmaru posicionava-se confiante e presunçoso atrás dos brutamontes.

— O senhor Gatenmaru é um de meus melhores clientes. — Começou Jakken. — Normalmente, ele me contrata para ir atrás de dinheiro, mas dessa vez quis cobrar sangue. Quando me disse que seria o seu, eu respondi que teria o maior prazer em...

Genta não esperou o fim da previsível frase para saltar na direção de Jakken enquanto desembainhava Kaigan. Antes de acertar o alvo, porém, percebeu um corte vindo pela sua direita e virou-se para bloquear. Sem perder tempo, grudou no oponente e passou-lhe uma rasteira, jogando-o contra os outros inimigos e escapando pela brecha aberta no círculo. Mas no momento em que passava, um corte acertou a lateral de seu dorso. Abafando a dor, o espadachim devolveu o corte, mutilando o rosto do adversário. Genta continuou tentando fugir, e os homens de Jakken o perseguiam.

— Você está morto, *ronin*! — gritava Gatenmaru por trás de seus capangas. — Não há como escapar nem vencer todos!

Toda a calma fria e profissionalismo metódico que ostentara em suas disputas desde o fim das guerras evaporara com o desespero. Agora Genta estava extasiado pela adrenalina, como nos tempos das grandes batalhas em que tinha mais chances de morrer do que viver. Era tudo ou nada, e a matança seria sangrenta. Jakken e alguns rufiões estavam mais confiantes por farejarem a insegurança do alvo, então ele e mais um homem atacaram Genta ao mesmo tempo. Genta saiu do caminho da dupla e deslizou os pés na direção daquele que estava à sua esquerda. Aparou a espada dele com a sua e o desequilibrou, empurrando-o contra Jakken logo atrás. Antes de se recobrarem do choque, Genta se abaixou e cortou a coxa do colega do cobrador de dívidas, inutilizando sua perna. Depois subiu a espada em um corte diagonal, terminando de eliminá-lo.

Sem tempo de respirar, Genta fugiu novamente pela rua lamacenta, sempre utilizando a tática de alinhar os oponentes e contra-atacar. Embora sempre conseguisse ferir alguns inimigos, ele estava ficando perigosamente cansado devido ao volume de golpes e movimentos que era forçado a repetir. Além disso, o chão estava escorregadio devido à chuva, exigindo mais energia do corpo para estabilizá-lo. E, como se não bastasse, o ferimento aberto no começo da luta continuava sangrando.

O sufoco aumentou quando o homem com o cajado tentava varrer suas pernas. Devido ao longo alcance da arma, Genta ficava na defensiva, afastando-se cada vez mais. Enquanto estava ocupado com o *bō*, outro homem circulou pela sua lateral e o atacou com uma foice *kama*, um golpe que Genta não conseguiu defender a tempo.

A foice cortou pouco acima de seu ombro esquerdo, perto do pescoço. Enfurecido, Genta colou no adversário e o usou como escudo contra o próximo golpe desferido pelo *bō*. Quando seu escudo humano foi nocauteado pelo bastão, Genta tomou a pequena foice de suas mãos e a arremessou contra o outro inimigo, fazendo com que ela fincasse em seu crânio.

Agora só restavam quatro homens, todos já desmoralizados, inclusive Jakken. Percebendo que a balança não estava mais tão desfavorável, Genta avançou com um rugido. Era o prenúncio de um ataque quase suicida, inspirando temor em qualquer um que estivesse no caminho. Os sobreviventes avançaram. Genta jogou o próprio chapéu no rosto do mais próximo. Quando o inimigo destapou a visão, já tinha tomado uma estocada na lateral do pescoço. Saindo de lado, Genta se abaixou para desviar de um corte horizontal. Pegou um punhado de lama úmida no chão. Ainda agachado, estocou a espada de baixo para cima, varando o queixo do inimigo à frente e, ao mesmo tempo, jogou a lama nos olhos de Jakken, que vinha pela sua retaguarda.

Largando a espada no cadáver que despencava, Genta explodiu para frente, em uma posição ainda agachada, chocando-se contra o quadril de Jakken, cego pela lama, fazendo-o se dobrar em cima de seu ombro. Levantando o adversário acima do chão, Genta o arremessou contra outro que vinha logo atrás.

Voltou para reaver a espada, mas um último atacante o esfaqueou pelas costas. Com um uivo, Genta virou-se para ele, segurou com firmeza o seu pulso e sacou uma *tanto* de seu próprio quimono, apunhalando o homem no pescoço.

Finalmente, arrancou a espada do cadáver, e voltou-se para os dois últimos inimigos com Kaigan em uma mão, e a *tanto* em outra. Estava com o quimono tão encharcado quanto como se tivesse mergulhado no mar. A água da chuva se misturava com suor e sangue, dele e dos outros. Seu rabo de cavalo estava desfeito e seu cabelo estava grudado na testa e no pescoço pelas mesmas substâncias. Seu peito estava arfando e sua boca não parava de ofegar, mas os seus olhos ainda sustentavam um flamejante desejo de tirar vidas para preservar a sua. A chuva se intensificou e o cobriu debaixo de tormenta e trovões. Diante daquela cena, Jakken e seu capanga paralisaram, hesitantes, até que seu empregador os censurou:

— O que estão esperando? Ele está quase acabado e vocês ainda são em dois! Aproveitem e acabem com ele! Eu pago vocês pra quê?

— Com todo respeito, senhor Gatenmaru... — Respondeu Jakken, com a voz trêmula. — O senhor não paga o suficiente.

Temeroso, o cobrador de dívidas simplesmente largou a espada e saiu correndo. O seu colega não demorou em acompanhá-lo, deixando o agiota sozinho com seu algoz.

— Escute... — Começou Gatenmaru levantando as mãos em pânico. —Começamos com o pé esquerdo! Eu não sabia que você tinha tanto talento, isso não devia ser desperdiçado! Que tal você trabalhar para mim? Eu te daria uma porcentagem gorda de todas as dívidas que você cobrar!

De repente, o agiota sacou de seu quimono uma pistola garrucha e atirou, mas Genta, já adiantado à trajetória da bala, desviou e acertou o punhal na mão do inimigo. Gatenmaru soltou um uivo de dor ao deixar a arma cair. Sem dizer uma palavra, Genta simplesmente fechou a mão livre em torno do pescoço do agiota com toda a força que restava em seu braço, chegando a erguê-lo do chão. Enquanto olhava bem fundo nos olhos de Gatenmaru, estampados com pavor e incredulidade diante do inegável fim, Genta enfiou Kaigan no ventre do agiota com tanta fúria que ela saíra do outro lado, varando as costas. Quando viu os olhos dele se tornarem bolas vazias e inexpressivas, o *ronin* retirou a espada e largou o corpo.

A chuva agora caía com uma intensidade maior. Genta sentiu as pernas bambearem, os braços adormecerem, a cabeça girar e a visão ficar turva. E, então, deixou-se cair na lama e fechar os olhos, como se fosse uma criança pronta para dormir ao som da chuva.

29

O menino percebia-se ali novamente, perdido em uma pequena jangada em meio ao mar. Já não era mais um garoto, e sim um homem, mas tão perdido quanto da primeira vez. A viagem agora parecia ser mais desafiadora. Sentiu que não era no horizonte onde estava aquilo que procurava. Em vez disso, aproximou-se da beirada da embarcação.

Genta olhou para a água e encontrou a origem do chamado que sentia dentro de si: era seu reflexo. Lembrava-se de já tê-lo contemplado antes, só que dessa vez, contemplar não era o bastante. Da outra vez, sentia receio do que haveria debaixo d'água. Agora, queria descobrir mais do que nunca. Levou as mãos para seu reflexo e molhou-as ao tocá-lo. Lentamente, chafurdou seus braços em sua própria imagem. Então, mergulhou a cabeça e, por fim, o corpo, até submergir por completo.

Uma viagem pode ser maravilhosa, pois apenas saindo do lugar acharemos algo diferente, viveremos algo diferente e seremos algo diferente. Porém, quem disse que uma grande viagem acontece por longas distâncias e locais desconhecidos?

Bom, talvez uma aventura de verdade sempre precise de tais distâncias e lugares, mas a questão é: você sabe onde procurá-los? Podemos passar a jornada inteira olhando para o horizonte sem procurar por nosso destino onde é mais essencial. Há mais horizontes a serem percorridos dentro de nós mesmos do que em todo o oceano, e a decisão de desbravá-los exige tanta coragem quanto.

Genta estava em outro mundo: aquele que se esconde abaixo da superfície. A luz solar ainda brilhava no começo, mas Genta sentia que devia mergulhar cada vez mais na escuridão das profundezas. Quando finalmente tudo ficou sombrio, Genta parou de nadar e ficou ali, em silêncio. Imaginou se veria a estátua do Senhor Buda iluminada mais uma vez, mas a luz não veio. Não temeu o isolamento ou as trevas, era isso que buscava na verdade. Seria tentador apegar-se àquele lugar melancólico e amoral, mas não foi para estagnar-se nas profundezas que ele fora até lá, e sim para confrontá-las. Só ali ele encontraria o que realmente procurava.

Alguma coisa gigantesca provocou ondulações na água. Genta não podia ver, mas seu coração lhe dizia o que era. Ao seu redor serpenteava o corpo de um ameaçador dragão marinho. Genta desembainhou sua espada e partiu em um ataque para enfrentar o monstro. O dragão recebeu inúmeros cortes e estocadas, mas sua pele dura e escamosa resistiu sem um único arranhão. O espadachim sentiu, de alguma forma, que a atitude do dragão refletia sua própria atitude. Tomado pelo cansaço, Genta decidiu que confrontá-lo era inútil e largou sua arma. Em vez de devorá-lo, o *youkai* o envolveu com seu corpo reptiliano, como se o acolhesse em um abraço. E ambos permaneceram na escuridão.

Lá, era como se a percepção de tempo e espaço se extinguissem. Quando permitimos o tempo parar, a mente vagueia. Para os mais ansiosos, ela dispara, e, para os mais libertos, ela também para junto com o tempo. Mas para aqueles que já viveram e estão vivendo tanta coisa, e não tem certeza se foram as melhores ou piores, a mente é como folhear as páginas de um livro sobre o qual não se tem certeza que se queria ler.

Então o corpo do dragão começou a se desfazer. Suas escamas se transformavam em pinturas em um pergaminho escuro. Cenas da vida surgiam na escuridão. Genta não apenas se via em outra época, como também sentia e vivenciava a si mesmo mais uma vez. Parado ali naquele vazio, o mercenário revirava seus atos. Muitas coisas das quais não se orgulhava. Via as batalhas que lutou, as vidas que tirou. E voltando para a infância tão distante, lembranças de uma época em que via as coisas com outro olhar e, talvez, fosse uma pessoa melhor. Será que ele era mais feliz ou estava feliz assim? Se estava feliz, por que pensava tanto? Será que pensar era sinônimo de tristeza? Bom, ele com certeza estava em conflito. Naquela época ele vivia em conflito. Será que os conflitos agora eram piores? Enfim, chegou naquele momento.

A cena era muitíssimo familiar. As ondas fazendo barulho na praia. O vento agitando suas vestes e seu cabelo. E a areia afundando os seus pés. Só faltava alguém nesse cenário. Ah! Lá estava ela de novo, arrastando-se na areia e exibindo o seu casco vermelho.

— Olá, velho amigo — disse a tartaruga.

Genta relutou em responder.

— Por que, sempre que eu te vejo, está com essa cara de confuso? — riu o réptil.

— Quem é você? Digo... Você existe mesmo? E se existe... Você é Buda ou algo assim?

— O que eu sou não importa, Genta — respondia a tartaruga sem perder o bom humor. — O que importa é o que levará de mim consigo.

— Vai me convidar para a próxima vida como da outra vez?

— Você iria se eu pedisse agora?

Genta fez uma pausa reflexiva antes de responder:

— Faz tempo que não penso nisso, mas eu diria que não.

— Hum... — A tartaruga pareceu compreensiva. — E o que foi que não mudou em tanto tempo?

— Eu não sei — falou o *ronin* encarando a areia no chão.

— Você tinha medo do desconhecido, medo da mudança, assim como tem agora — disse a suave, porém convicta voz da tartaruga.

— Não estou com medo... — Começou Genta.

— Medo nem sempre significa berros aterrorizados, tremedeiras nas bases ou fugas sem olhar para trás. Às vezes significa resistir muito a alguma coisa pelo apego que você tem por outra. Você foi uma criança diferente, Genta. Essa diferença te afastou dos outros, pois ninguém conseguia entender a sua angústia. Isso fez com que se sentisse rejeitado, então você quis se sentir especial. O anseio de uma criança rejeitada por ser diferente é provar que sua diferença a torna especial aos olhos de alguém. Seria Buda? Você mesmo talvez? É uma armadilha do orgulho achar que, após a morte, ainda precisamos provar algo a alguém.

"O próprio Sidartha foi uma criança que não soube lidar com o mundo. Quando viu o sofrimento e a morte pela primeira vez, não pôde aceitar que aquilo também seria o seu destino, e abriu mão de sua nobreza para encontrar um meio de evitar o sofrimento. Quem faz isso? Só uma criança que foi criada longe dos males não se conformaria com o mundo e renunciaria à realidade. Todas as pessoas se acostumam com o bem e o mal no mundo e o aceitam, apenas Sidartha não fez isso."

— Está dizendo que o próprio Buda estava errado?

— Estou dizendo que as coisas que nos impulsionam a buscar algo nobre nem sempre são tão nobres quanto aquilo que buscamos. Ser honesto quanto a isso ajuda a nos entendermos melhor. Às vezes, o que nos impulsiona é ser algo diferente da ideia que temos de nós mesmos, e também da ideia que os outros têm sobre nós. Por exemplo, todos na vila pensavam em você como um fraco esquisito. Você se empenhou depois em passar outra ideia de si para o mundo.

— Este mundo exigiu muita força e muita dureza de mim.

— Você diz que foi o mundo que te fez querer ser mais o mais forte, mas foi sua escolha. Você poderia ter ido ao monastério, por exemplo, mas preferiu descobrir sua nova identidade como guerreiro.

— A lei do mais forte estava aqui muito antes de eu chegar, e estará presente muito depois de eu ter partido. O mundo nunca se livrará da tirania do mais forte e do sofrimento do mais fraco.

— Se um homem achar que o mundo é feito de apenas uma face da lua, é porque ele próprio olha para apenas essa face dentro dele. Você pode dizer que o mundo não muda, mas as pessoas nele também não querem mudar. O apego os impede de criar um novo mundo e sua identidade os faz verem as coisas sempre do mesmo jeito. Você e tantos outros homens se apegaram tanto à guerra que se sentem confrontados pela paz. Isto é medo, Genta. Medo de se desprender daquilo que você acredita ser. Você teve medo de reencarnar porque aquilo significava algo novo, e o novo é a morte do velho. Você enfrenta o mesmo dilema agora. A visão de mundo que você desenvolveu é o que sustenta o guerreiro com o qual se identifica. Sei que para você foi muito importante tornar-se o lutador, o guerreiro, o assassino, mas ser o mais forte não impede que o seu fim chegue.

— Mas ameniza uma boa parte de meu sofrimento.

— Ameniza, é? Você sabe quem é e o que quer? Ou acha que a sua crença que te define? É a identidade em nossa cabeça, e não quem nós realmente somos, que cria nossos apegos e nossas crenças. A única lei que não muda é a mudança. Perceba o quanto você mesmo já mudou ao longo de sua passagem no mundo. E quando essa passagem terminar, você mudará de novo ao seguir para outro lugar, e de novo ao retornar como outra pessoa. Mas você insiste em se apegar à sua identidade de agora, às suas crenças e àquilo que você já conhece. Fez isso quando criança e continua a fazê-lo agora. Mas quando estiver do outro lado e perceber o que essa passagem pela terra foi, verá que não há mais uma identidade, um "eu" pra se apegar. Pois torna-se claro como tudo foi passageiro. E o que importa mesmo foi o que sua essência aprendeu.

— Eu não podia ficar me preocupando com o que o outro mundo reserva.

— Genta... — O bico da tartaruga chegou ao mais parecido de um sorriso em lábios humanos. — Nunca se tratou do outro mundo. Sempre se tratou deste aqui mesmo, onde você vive as experiências. O aprendizado do espírito nunca ocorreria se tudo fosse simples e nada precisasse ser confrontado. A sabedoria em um plano teórico é vazia. O caminho deve ser trilhado neste mundo extremo e imperfeito. Você não deixa de estar certo. A violência é uma das maiores forças nesse mundo e nunca deixará de estar aqui. Não podemos negá-la como parte de nossa existência, pois tudo o que a constrói, a raiva, o medo, a dor, o ódio, o rancor, a cobiça e a agressividade são parte de qualquer um de nós. O fato de a natureza mundana ser tão difícil é um sinal de que devemos aprender com ela. A transformação em algo melhor só é possível ao atravessar o que há de pior. E você passou por isso, de fato, mas não pode ficar estagnado aqui. É hora de progredir.

E tudo sumiu.

Aquelas árvores, aquele silêncio e aquele sentimento de solidão eram sinistramente familiares. Parecia um dia nublado e solitário, em uma floresta erma e misteriosa. "Tão misteriosa quanto a morte". Sim, ele estava lá novamente. Embora já tivesse desbravado o lugar quando criança, aquelas sensações medonhas ainda se apossavam de Genta enquanto perambulava entre as árvores. Como em muitas situações anteriores, ele não sabia explicar o porquê desse repentino assombro. Finalmente, chegou a um local marcante. Era uma clareira, que parecia limpa e natural, sem o menor vestígio do que acontecera ali. Genta reconheceu o recinto onde tinha matado Oni, o primeiro dos quatro irmãos, e, mais importante, onde tinha matado alguém pela primeira vez.

Genta sentiu necessidade de se sentar embaixo de uma árvore e esperar. Esperar o quê? Ele não sabia de fato. Olhou para o céu, olhou para as árvores, e olhou para a grama. O silêncio entre as árvores do bosque foi quebrado por um som: *Craw, craw*. Genta podia sentir-se sozinho e pensar que a floresta estava sossegada, mas sempre existe companhia, e alguma ação se passa. *Craw, craw*. Ele era observado pelos corvos. Um deles desceu das árvores e pousou na grama, bem à sua frente. *Craw, craw*. O corvo olhou diretamente nos olhos do humano. Tombou a cabeça para um lado, tombou para o outro, como se seus olhos estudassem os daquele estranho. Por um momento, o mercenário sentiu-se nu diante do olhar do pássaro, como se ele soubesse tudo que se passava em sua mente. *Craw, craw*. Então o corvo virou-se, abriu as asas e voou para longe, numa cena muito familiar.

O mercenário pensou por um instante: "Será que devo seguir?". Se simplesmente seguisse um corvo, encontraria o seu caminho? Seria o corvo um sinal? O sinal de que o seu conflito caminhava para uma resolução? Ah, para que se incomodar? É só um corvo! Que absurdo depositar tanta fé na direção de um pássaro. Devíamos dar uma chance aos sinais que encontramos por aí?

Genta se preparou para sair debaixo da árvore, dar por encerrado o seu momento de conflito e voltar para a sua vida presente. De repente, seus olhos captaram algo minúsculo, quase imperceptível, pendurado naquele tronco, fazendo um movimento. Era um casulo e algo fazia força para sair dele. Finalmente o casulo se rompeu e uma pequena e frágil borboleta se arrastava para fora.

A atenção do mercenário se demorou naquela imagem, que mostrava a transformação de uma pequena criatura. Ele decidiu parar mais um tempo para apreciar aquela borboleta vindo ao mundo. Testemunhou suas asinhas fracas irem aumentando e ganhando cor. Então pôde sentir que a floresta não emanava mais escuridão. A clareira parecia muito mais viva e bela, como se o bater daquelas asas de cor azul transmitisse sua vivacidade a tudo ao seu redor. Aí a borboleta alçou voo. O mercenário assistiu enquanto ela passava rente ao seu rosto e pousou bem em cima de seu nariz. Sentiu-se nu novamente, diante de mais outra criatura. Era como se, sem dizer uma palavra, revelassem que o enxergavam por dentro. Bom, talvez fosse apenas coisa da cabeça dele.

A borboleta saiu voando de novo e sumiu na vermelhidão do pôr do sol. Sozinho, o mercenário olhou novamente para aquele casulo, agora apenas uma casca vazia. Pegou-se refletindo sobre como aquela lagarta teve que morrer para sua antiga vida, de um ser rastejante e grotesco, para um ser gracioso e elevado aos céus. Era a natureza contando uma perfeita fábula da transcendência.

Era essa a resolução de sua existência? Deixar o antigo "eu" morrer, para dar vida a um "eu" elevado? Em um tempo de sua vida, esse seria o curso natural para ele, mas agora, não sabia se queria deixar de ser um ser grotesco e rastejante. Genta teria de escolher, embora, no fundo, soubesse que a lagarta não teve escolha.

Pôde ouvir as bolhas da correnteza e ver a claridade da superfície. Como o baque violento de uma baleia saltando,

Genta emergiu e a luz solar o cegou. Tateou ao redor, sentiu os dedos rasparem em madeira e instintivamente se agarrou à embarcação que continuava à deriva no meio do mar. Enquanto se situava, algo empurrou suas pernas, ainda submersas, para cima. Rolando em cima da jangada, o *ronin* viu a tartaruga encarando-o com o pescoço acima da água.

— Isso foi um teste?

— Não existe "teste". Não é sobre "passar" ou "falhar". É sobre aprender. Apenas isso.

— E por que queremos tanto "aprender", se ficar do outro lado seria melhor?

— Sabe, Genta, quando você recusou da primeira vez, reagiu com a birra típica dos pequenos. O mundo das crianças parece irracional para os adultos, mas o mundo dos adultos também não faz sentido para as crianças. A criança teme o mundo dos adultos, pois ainda não consegue vê-lo com clareza. Assim também é para o mundo dos vivos e o além-vida. Há coisas que são possíveis ver com clareza estando do outro lado.

— Por exemplo?

— O caminho para a iluminação não é um só. Nenhuma alma é igual. Nenhuma das vidas de uma mesma alma são iguais. Porque em cada vida você tem os acontecimentos que moldam os seus sonhos, e, mais importante, as suas escolhas. O caminho que decidir trilhar é único para você, seja ele qual for. Por isso, para descobrir qual é o seu caminho, você deve descobrir quem é. E não existe nenhum outro lugar onde procurar essa resposta senão em si. As maiores jornadas acontecem dentro, não fora, e o maior conhecimento esteve sempre conosco.

A enigmática criatura lentamente virava o casco para a jangada e voltava-se para o oceano, prestes a mergulhar, quando Genta declarou:

— Eu sei quem você é.

A tartaruga voltou-se lentamente para ele e sorriu:

— Sabe é?

— Você sou eu. Sempre foi. Alguma parte de mim, pelo menos.

— A superfície do mar reage conforme o vento a provoca. Torna-se turbulenta na tempestade e estável na calmaria. Mas embaixo da agitação, o mar mantém a sua essência. Lá ele é o que é, sem se dobrar ao vento.

Com suas barbatanas, a tartaruga se apoiou na jangada e içou-se a bordo. Ainda sorrindo, encolheu seus membros para dentro do casco, e este começou a rachar. Dele saiu um menino. Surpreso, Genta reconheceu o garoto: Kohaku. Com uma expressão gentil no rosto, o menino estendeu a mão e revelou uma pérola brilhante e magnífica.

— Fique com a sua essência. — Alegrava-se Kohaku enquanto apertava firmemente a pérola nas mãos confusas e maravilhadas de Genta. — E não se esqueça de mim em seu caminho, pois sou o maior tesouro que você poderia dar ao mundo.

O *ronin* finalmente entendeu a característica que deveria ter acima de qualquer outra. Muitos guerreiros podiam ter força, poder, astúcia e coragem, e para os mais afortunados, glória e honra, ou até mesmo domínio sobre feudos e países, mas apenas a compaixão faria deles heróis.

30

A sensação de leveza e atemporalidade se esvaiu. De repente, era como se ele estivesse de volta a si. Sentiu feridas e fraturas latejarem por todo o corpo. Moveu-se ligeiramente e percebeu lençóis cobrindo-o. Olhou ao redor e notou que estava em um cômodo, com uma luz bem fraca vinda de uma lamparina. Ouviu passos do outro lado do biombo que fechava o quarto. A porta se abriu e, surpreendo-o pela segunda vez, lá estava Kohaku.

— Ah, que bom! Você acordou! Faz quase dois dias que está dormindo! O Dr. Mosuke disse que chegou a um fio de cabelo perto da morte!

— K-Kohaku... — Genta só era capaz de gemer. — É você? Digo... é você de carne e osso?

— Hã? Como assim, "de carne e osso"?

— N-nada. Onde eu estou?

— Na nossa casa. Ayame o encontrou quase morto após o combate. Foi até nós e contou toda a estória entre vocês. E... — Kohaku ficou de quatro apoios e encostou a cabeça no chão, como se fizesse uma reverência a uma estátua de Buda.

— Muito obrigado por protegê-la e trazê-la de volta! Assim como nos protegeu no outro dia! Nós te agradecemos muito pelo que fez!

O garoto mantinha a cabeça baixa, mas, pela voz, era possível saber que estava chorando. Genta o olhou, sem reações diante de toda aquela gratidão, até que outros passos vieram pelo corredor:

— Kohaku, deixe nosso hóspede descansar. — disse a voz de Mosuke.

— Eu estou bem o bastante para receber agradecimentos — resmungou Genta.

— Então... — O doutor apareceu atrás do biombo, sorrindo. — Houve um momento em que eu pude fazer alguma coisa, não é?

Genta soltou um risinho cansado e dolorido. Mosuke pediu para Kohaku ir cuidar de comida e materiais, deixando médico e paciente sozinhos.

— Então permita-me lhe dizer obrigado. Foi sua força que impediu que minha família fosse destruída.

— Eu queria saber... eles são seus filhos?

— Não.

— Então por que cuida deles como se fossem?

O médico sorriu e manuseou a lamparina para aumentar a luminosidade. Então moveu-se para trazer um caixote do canto da sala. Quando o abriu, revelou uma série de recipientes contendo pergaminhos.

— O que é isso?

— Isso é a minha história. Eu também sou pintor, além de médico, mas nunca me destaquei muito nesse outro ofício.

Talvez pelo conteúdo de minhas antigas obras. Ou simplesmente me sinto mais útil curando as pessoas. Mas para você eu quero mostrar uma coisa...

Mosuke retirou alguns pergaminhos e mostrou suas pinturas a Genta. Todas continham *youkais* malignos. Eram exércitos de ogros, espíritos e outros monstros em procissão. No meio da multidão de *youkais*, havia um homem armado com uma espada, parecendo desafiá-los. Em algumas pinturas, ele os golpeava e se sujava com sangue e destroços.

— Assim como você, fui criado em uma terra de guerras e sofrimento, e, assim como você, aquilo me deixou amargo. Não havia Buda ou *Kami* que aplacassem meu descontentamento. Eu era tão cheio de mágoa contra o mundo que, sem perceber, essa mágoa tomou vida própria. Nem me importava mais de onde ela vinha, só sabia que ela existia e me perseguia. Então declarei guerra contra a mágoa. Enfrentei os meus próprios monstros em minhas pinturas, mas isso não me curou. A mágoa não era um inimigo, mas um elo da corrente. Em vez de bater na corrente, eu percebi que precisava soltá-la.

— Então você praticou o desapego, conforme as quatro nobres verdades de Buda?

— Buda só veio depois.

Então o pintor revelou outro pergaminho. Assim como a pintura anterior, a imagem mostrava um exército de demônios, mas dessa vez enfrentavam uma miniatura de Buda em cima de um lótus branco.

— Isso veio de um sonho. Nele, eu estava em uma terra escura, cercado por criaturas malignas, que rugiam e sussurravam o meu nome. Era tão real que me lembro dos arrepios na nuca e do suor frio escorrendo por minha testa. Os ogros com seus olhos amarelos, línguas enormes, chifres, presas e garras afiadas. Eu fui encurralado por eles e fiquei apavorado.

"Foi quando uma luz começou a nascer do chão entre mim e os monstros. Lentamente, o caule de uma flor brotou. E então, as pétalas do lótus desabrocharam. A partir dali eu não sentia mais medo, e os ogros começaram a recuar. Do lótus nasceu então o senhor Buda Shakyamuni. De repente só havia luz no sonho. Inclusive a sentia dentro de mim. E só me lembrava dessa sensação de paz ao acordar.

Mas, naquele mesmo dia, houve um ataque de samurais a uma aldeia. Não vieram com a intenção de deixar sobreviventes. Eu cuidei dos poucos que pude encontrar só para terminarem de morrer em minhas mãos. Foi mais um fracasso. Um acontecimento frustrante que só aumentava o conflito com a minha mágoa. Algo que colocava em dúvida o sentido daquilo que eu fazia, e até o motivo pelo qual eu existia, e até a razão pela qual existia um mundo desse que parecia tão caótico e amaldiçoado. Eu devia ter tomado uma atitude como a sua. De achar que o normal é que as pessoas sofram e que só os fortes possam escapar desse destino. Mas alguém que trabalha com a cura, como eu, não poderia acreditar que não há uma resposta para tanto tormento.

Então eu escutei algo se mexendo entre as cinzas, destroços e cadáveres dali. Parecia ser alguém. Imaginei se não era algum ferido e corri para mover os entulhos, e encontrei uma menina, enegrecida pela fuligem, segurando a mão de um menino bem menor. No outro braço, aninhava um bebê."

— São seus irmãos? — perguntei.

— Não. Eu os vi perdidos durante o ataque, e nós nos escondemos —respondeu ela tristemente. — Quem é você? — perguntou com receio.

— Não se preocupem, sou apenas um médico — respondi. Eu sabia que tinham ficado órfãos. Nenhum adulto tinha resistido. Então decidi dar uma olhada no bebê, o mais frágil de todos. E o que eu vi mudou tudo o que eu sentia naquele momento. Quando fui deixado sozinho nesse mundo, com aquele pequeno ser embalado em meus braços, e vi que ele sorria, alheio a toda amargura à sua volta, percebi pequenas coisas boas em um mundo que parecia regido por coisas ruins, como pequenos pingos de luz em uma pintura coberta de trevas. Aquele pequeno lótus em meu mundo trazia em seu sorriso uma escolha. Uma escolha que seria uma oportunidade de viver com mais alegria, pois tinha agora uma razão para seguir em frente. Eu entendi o porquê daquele sonho:

"Se, por acaso, a vida não tiver mesmo nenhum significado ou sentido, se tudo não passar apenas de caos e sorte, se não houver Buda, *kami* ou seja lá o que for, isso não importa. Se existe uma realidade que é o que é, e não pode ser mudada, tudo o que nos resta é o que faremos diante dessa realidade. Se não temos o poder para mudar, temos o de escolher."

31

Era o terceiro dia na casa do médico e Genta fez um esforço para conseguir se sentar. Enquanto comia uma refeição quente de *onigiri* e sopa, Mosuke entrou no quarto.

— Já está conseguindo se sentar? Isso é bom, mas cuidado para não fazer esforço além do que consegue suportar.

— Bobagem. Antes do que você imagina eu estarei de pé.

— Quanta confiança, hein? Mas deixe-me perguntar duas coisas: se fosse eu lhe dando um palpite sobre como manejar uma espada, iria apostar sua vida nisso?

— Óbvio que não.

— Então dê o devido valor quando eu lhe der um conselho médico!

Genta parou de comer e olhou para Mosuke. Pousou a tigela ao seu lado e deitou-se.

— Está bem, então.

— Minha outra pergunta: até que ponto eu posso confiar em você?

— O que quer dizer? Você já tem minha vida em suas mãos.

— Agradeço por tudo o que fez, e não foi pouco, mas não sei até que ponto você pretende se comprometer com os nossos problemas... e as soluções que buscamos para eles.

— Entendo...

— Então vou te perguntar: nós ainda somos preocupação sua ou não quer mais se envolver? Seja qual for a resposta, vou respeitá-la.

Genta não respondeu por um longo intervalo.

— Se precisar de um tempo, posso deixá-lo pensando — disse Mosuke, e saiu do recinto.

Ele queria se envolver? Aliás, o que pretendia fazer agora? Sua vida dera uma grande guinada recentemente. Mas ainda podia escolher entre seguir pelo mesmo caminho ou tomar um rumo diferente. Todo aquele sonho lhe veio à cabeça. Pensou naquilo por um instante e foi o suficiente. No fundo, sabia o que precisava fazer. O médico voltou depois de algumas horas e obteve sua resposta.

Mosuke trouxera alguns homens para o recinto de Genta e os apresentou. A maioria desconhecidos, exceto por dois deles. E um rosto em especial era como um sabor desagradável na garganta: Kawamaru, acompanhado do parceiro e dono da casa de jogos, Kawara.

— Eu achei que não seria nenhum prazer vê-lo de novo. Mas te vendo nesse estado, até que deleita os meus olhos. — Ironizou o cafetão.

— Você também deve estar desesperado para sair de sua casa de vadias para juntar-se à ralé do bairro — respondeu Genta. — E o que me deixa mais surpreso é ter arrastado esse traseiro fétido em vez de mandar o seu cachorrinho representá-lo.

— Aquele idiota está morto — disse Kawamaru secamente.

— Ah, é? Não imaginei que a conversa que tiveram naquele dia fosse ser tão rigorosa.

— Não fui eu, imbecil. Aliás, você é a causa da morte dele e de eu estar aqui no meio de comerciantes baratos. Quando matou Gatenmaru, o equilíbrio de poder mudou. Eu, meu amigo Kawara aqui e o finado agiota éramos parceiros. Afinal, qual a maior fonte de desgraça para as mulheres que os vícios de seus maridos? Jogo e agiotagem renderam muitas mulheres da vida, então nós protegíamos os negócios uns dos outros para que ninguém os tomasse de nós. Mas então você matou Gatenmaru e, assim que souberam disso, os *kabukimono* ficaram mais ambiciosos. A primeira coisa que fizeram foi ir atrás de Jakken e proclamarem que apenas eles têm o direito de emprestar dinheiro e cobrar dívidas na região agora. Mas o deixaram viver, sob a condição de que ele recrutasse mais rufiões de rua para ajudá-los a tomar meu bordel e a casa de jogos também. Um dia, eu estava saboreando minha sopa em meu aposento, quando meus seguranças abriram a porta e me mostraram a cabeça de Toramaru, que aqueles vagabundos mandaram de presente. Foi uma declaração de guerra!

— Então você e seu parceiro vão disponibilizar os seus homens para proteger os cidadãos do bairro que vocês desgraçaram?

— Desgraçamos? — O cafetão olhou ao redor e percebia alguns olhares sobre ele. Para os que perderam suas esposas e filhas, devia haver ressentimento. — Não venham me dizer que desgracei ninguém. Quantos aqui não se divertiram enquanto rolavam os dados, sem pensar nas perdas? Ninguém tem o direito de me julgar aqui.

Muitos dos presentes desviaram o olhar para o chão, envergonhados. Mosuke decidiu intervir diplomaticamente:

— Ninguém aqui precisará lutar se nosso plano der certo. Reuni todos os estabelecimentos prejudicados para usar de nosso poder legal.

— Como se faz isso? — questionou Genta.

— O magistrado local não estava encarregado de punir foras da lei? Ishimatsu é um parasita de família nobre. Ele sempre esteve aberto a negociar uma parte dos lucros para fazer vista grossa...

— Samurais... — Genta cuspiu no chão. — Muita conversa sobre honra e nobreza... Só conversa.

Ele partilhava da opinião geral sobre a classe de guerreiros: esnobes, arrogantes e, não raras vezes, perigosos. *Ronins* mercenários como Genta, e *Ji*-samurais de origem servil, como Kuranosuke, não tinham títulos ou etiqueta a ostentar, nem aparências para manter.

— Pela lei — continuou Mosuke — temos o direito de enviar uma petição ao xogum para denunciar esse magistrado corrupto! É ele que protege os *kabukimono*. Com ele fora do caminho, irão enviar policiais de verdade para restaurar a ordem e zelar por nossa segurança!

— É um bom plano, mas precisam ser discretos. Se o magistrado ou os *kabukimono* descobrirem, vão matar todos vocês. Espero que todos aqui nesse quarto sejam da mais profunda confiança. — Genta varreu os que estavam presentes com um olhar ameaçador, até pousá-lo no antigo chefe.

— Nunca nos esqueçamos de que todos temos um inimigo em comum. Não há porque haver traições — acrescentou Mosuke.

— É bom você reiterar isso, pois se alguém aqui delatar nosso plano, eu mesmo irei cortar a cabeça dele.

Após a reunião para discussão do plano, os convidados foram embora. Aparentemente todos levaram o aviso de Genta a sério, pois ninguém ousou encará-lo em momento algum. A sós com o paciente, Mosuke aproveitou para tratá-lo mais um pouco, enquanto refletia:

— A história da humanidade parece perseguir um grande sonho. Por muito tempo vivemos sob a lei do mais forte, como todas as criaturas da natureza. Até recentemente, era a única lei de verdade que se respeitava nesse país. O direito que nasce apenas daquilo que você pode fazer, impor ou infligir ao outro. Agora estamos sob a lei de um xogum. Ele provou ser o mais forte. Um direito que nasceu do poder, mas que aos poucos torna-se legitimado pela lei. A lei é a vontade do xogum, porém temos fé de que algum dia se torne a vontade da justiça. O direito que nasce daquilo que é certo.

"E talvez eu seja um grande idealista por pensar na história desse modo. Mas sei que antes só nossa própria força era capaz de nos proteger. E aos poucos as leis se consolidam para nos defender uns dos outros. Muitas gerações após a lei ter sobrepujado a força como protetora da humanidade, minha esperança é que ainda surja algo mais nobre do que a lei. De que simplesmente não precisaremos mais de proteção de uns contra os outros. A boa vontade será o pacificador dos homens e não haverá mais o desejo de explorar ou ferir o próximo."

— Eu já disse algo assim para um homem que acreditou que a guerra traria paz e ajudou a criar essa nova era dando sua vida. Não sei se um dia a humanidade será tão nobre, pois fazem parte de sua condição a fragilidade, a imperfeição e a ausência de um sentido. Talvez ela não exista para ser tão nobre. E, embora as leis devam substituir a força para garantir a paz, elas são impostas por aquele que é mais forte, como você mesmo diz. Se só a força garante a lei, então apenas a força garante a paz. O que posso dizer é que usar sua força para trazer a paz é o caminho dos bons.

32

Após quase duas semanas sob os cuidados de Mosuke, Genta já conseguia ficar de pé e arriscar algumas caminhadas pelo jardim. Sua cabeça, porém, estava rodando de preocupação, desconfiado em relação ao plano. Ao mesmo tempo, seu espírito estava pegando fogo, impaciente para entrar em ação. Fazia muito, muito tempo que ele não sentia uma motivação tão grande. Nem conseguia se lembrar da última vez que sentira... não, talvez ele se lembrasse sim. Em uma época em que ansiava por aprender coisas pelas quais não estava mais interessado.

Naquela noite houvera outra reunião na casa de Mosuke. A maioria deles era iletrada, e os poucos que sabiam escrever também não eram muito versados na arte, mas trabalhando juntos, conseguiram elaborar a petição. Agora só precisavam pensar na forma mais segura de entregá-la ao xogum. Mas, no meio da discussão, Mosuke observou:

— Ei, um momento... onde está Kawara?

— Ele disse que chegaria atrasado — respondeu Kawamaru. — Disse que tinha muitos assuntos para cuidar hoje.

— Assuntos? Seus idiotas... — Genta se levantou pegando Kaigan na bainha. — Fomos traídos!

Nesse momento, pôde-se sentir um cheiro de queimado. Genta saiu do recinto já desembainhando a arma. Viu que o corredor estava em chamas.

— Fogo! Fujam!

Todos correram para fora do quarto.

— Saiam da casa! — Genta berrou para ser ouvido acima do fogo. — Tentem não respirar a fumaça!

— Genta! — gritou Mosuke. — Chamei as crianças, mas elas não responderam!

O espadachim hesitou por um momento diante do impasse. Tinham que sair o mais rápido possível, mas não poderia deixar os pequenos para morrerem nas cinzas.

— Médico, vá com os outros! Eu vou até o quarto delas!

Mosuke ficou mudo por alguns segundos, depois assentiu com convicção. Guiou os colegas enquanto Genta foi na direção contrária. Ao sair na rua, Kawamaru ficou paralisado e boquiaberto diante de uma visão ao longe. Na direção de seu bordel também saltavam labaredas de fogo. Era possível ouvir gritos de luta e tintilar de espadas. Um ataque se desenrolava em seu estabelecimento. A fúria das batalhas campais havia invadido as ruas de Edo.

— Meu bordel! Meu negócio! O trabalho de minha vida! — exclamou o cafetão à beira das lágrimas, mas calou-se para sempre quando uma flecha atravessou seu pescoço.

Mosuke e os outros estagnaram diante de três homens que já os esperavam. Jinnei, o arqueiro dos *kabukimono*, tinha todos na mira. Hyuma, o sádico gigante que carregava a grande clava nos ombros. E o terceiro era Kawara, o dono da casa de jogos.

— Seu traidor filho da mãe! — exclamou um dos mercadores. — A troco de que você nos entregou?

— Eles prometeram me deixar com meu estabelecimento, sem cobrar taxas — disse Kawara envergonhado. — Sinto muito, senhores, mas eu não podia correr riscos.

Então... — trovejou Hyuma, com sua voz estridente. — Onde está aquela petição?

Nenhum dos comerciantes respondeu. Jinnei interviu, puxando o arco:

— Se ninguém responder, vamos assumir que pode estar com qualquer um. Então eu vou ter que jogar com a sorte.

— Kohaku! Ayame! Mamorou!

Genta tinha adentrado mais na casa, torcendo para que conseguissem sair todos a tempo, mas paralisou pouco antes de chegar à porta dos aposentos das crianças. Descobriu porque não tinham saído ainda.

— Senhor Genta! — gritou Ayame.

Estavam os três no corredor, e Ayame era feita de refém por um dos *kabukimono*. Era aquele homem magro que portava uma garrucha consigo, que, no caso, estava apontada para a cabeça da garota.

— Ora, ora... você era o único que não queríamos que saísse da casa —disse o pistoleiro. — Prazer, sou Hennya. Eu imaginei que as crianças seriam o seu ponto fraco.

— Seu idiota! Cada segundo perdido aqui dentro é um risco para você também! A fumaça está se intensificando e aumenta o risco de desabamento!

— Eu sei. É por isso que aqueles folgados insistiram para que *eu* fizesse o trabalho. — Hennya apontou o *tanegashima* para Genta. — Porque eu era o único que poderia te eliminar em um segundo!

Por mais que não quisesse admitir, Genta não tinha como discordar de Hennya. Estava encurralado em um corredor estreito, sem nenhuma arma de longo alcance para revidar, sem ter para onde fugir ou desviar do tiro. E o inimigo ainda estava utilizando as crianças como escudo. O que ele poderia fazer?

— Morra! — sibilou Hennya.

Nesse momento, Genta sentiu alguém puxá-lo para fora da trajetória da bala. Em seguida ouviu um tiro, e logo depois um gemido de agonia. Olhou de novo para Hennya e surpreendeu-se ao ver que o atirador estava com uma *shuriken* no olho. Então ele deixou a pistola cair e desabou junto. Genta olhou para o lado e ficou ainda mais surpreso ao ver uma pessoa trajando um uniforme preto que cobria seu rosto.

— O que está esperando? — disse uma voz feminina. — Pegue as crianças!

Era uma *kunoichi*, ou seja, uma mulher ninja.

Do lado de fora, os aliados de Mosuke corriam dispersos e berravam em pânico, pois eram alvos móveis para o cruel arqueiro Jinnei. Quase todos tinham sido mortos e Mosuke tinha se escondido atrás de um barril. Notando a ausência de alvos, Jinnei se aproximou para procurá-los.

— Vejamos... Tenho certeza que um deles veio por aqui...

Jinnei se aproximou a passos lentos do barril onde estava Mosuke, e esticou a flecha no arco. O médico prendeu a respiração e ouvia os batimentos cardíacos, enquanto o arqueiro falava com voz sádica:

— Te peguei.

Foi quando se ouviu uma agitação vinda da morada em chamas. Genta, as crianças e a ninja misteriosa tinham acabado de sair.

— Ora, ora, Hyuma... — declarou Jinnei perdendo o interesse em Mosuke. — Parece que temos convidados.

— Crianças, fiquem atrás de mim! — rosnou Genta. — Não se movam ou ele vai acertá-las!

— Você é bem prevenido — disse Jinnei disparando outra flecha contra Genta, que a bloqueou com sua espada.

— Desgraçado... — sibilou Jinnei. — Ei, Hyuma! Pode me dar uma ajudinha?

— Muito bem... — riu o gigante enquanto caminhava pesadamente. — Estava achando que não ia me divertir essa noite!

Hyuma parou à frente do espadachim e da ninja. Genta olhou de cima a baixo para a montanha de músculos à sua frente. Já tinha conhecido vários homens grandes e fortes, sendo que Oni devia ter sido o campeão nesse quesito. Hyuma, porém, parecia ter tirado o título do ogro. Genta cochichou para a *kunoichi* ao seu lado:

— Use suas armas de longo alcance e neutralize o arqueiro. Eu vou cuidar do grandão.

— Humm... Não seja tão presunçoso — respondeu a ninja.

— O quê?

— Dá para sentir o seu estilo de lutar. Você é um homem forte e costuma bater de frente com os adversários, estou certa? Mas vai mesmo querer medir forças com esse grandalhão? Você será mais útil rebatendo as flechas do arqueiro.

A guerreira deu um passo à frente, com aquele queixo encoberto erguido para Hyuma em tom de desafio. O gigante gargalhou:

— Então esse aí vai ser o meu adversário? Vou te esmagar como o inseto que é!

Hyuma desceu o porrete com um rugido sem cerimônia. O golpe foi tão forte que chegou a levantar a poeira da rua. Porém, quando a poeira baixou, não havia crânio, miolos ou sangue no solo.

— Aqui, grandão.

Hyuma virou-se e viu a ninja atrás dele, empunhando uma arma típica de sua classe, a *kusarigama*. A corrente com uma foice afiada na ponta. Na mão esquerda segurava a foice e, na direita, girava a corrente. O gigante riu com desdém.

— Golpe de sorte! — E desceu o *kanabō* em outro golpe devastador.

A *kunoichi* parecia se transportar para as costas do inimigo como se fizesse magia. Toda vez que um ataque vinha, ela circulava com leveza em torno do gigante.

— Você é muito lento, grandão.

Ao reconhecer a voz feminina, o gigante ficou vermelho de fúria.

— Uma mulher!? Uma mulher não pode derrotar o grande Hyuma!

Hyuma ergueu novamente a clava e canalizou sua ira para concentrar o máximo de força. Antes que seus braços descessem, a ninja arremessou a ponta da corrente no rosto do adversário, interrompendo o seu ataque. O gigante continuou o golpe às cegas e, mais uma vez, viu que tinha desperdiçado energia.

— Chega de brincar.

Hyuma olhou para trás e percebeu que a ninja já tinha escalado suas costas e subido até os ombros. Então ela cravou a foice em seu pescoço e o abriu de um canto a outro. Em um instante, o gigante pareceu um enorme pinheiro tombando na floresta pela força de um pequeno lenhador. A *kunoichi* pulou ao chão com a graça de um gato. Então olhou para o arqueiro.

— Hyuma!? — gemeu Jinnei. — Não acredito! Seus miseráveis...

Disparou uma flecha e Genta a partiu ao meio em pleno voo. O arqueiro sacou outra e mirou nas crianças, mas foi morto antes de atirar, graças a uma facada em sua nuca. Para a surpresa de todos, Jinnei morrera por um bisturi, nas mãos do Dr. Mosuke, saído sorrateiramente de seu esconderijo.

O fogo ainda estalava na madeira. Dois inimigos jaziam mortos na rua. Jinnei. Hyuma. Ainda dentro da morada destruída, o corpo de outro já devia virar cinzas. Hennya. Muitos outros cadáveres também estavam no chão. Kawamaru, pelo qual ninguém derramaria lágrimas. Artesãos e mercadores leais a Mosuke. Um sino tocava. Pessoas saíam correndo de suas casas com baldes para jogar água nas chamas.

— Esse foi o primeiro... o primeiro homem que eu matei... — balbuciou Mosuke.

O médico, enfim, reparou no traidor Kawara, ainda ali. Foi até ele sem dizer uma palavra. Parou a um braço de distância e apenas o encarou.

— Eu sinto muito, Mosuke. Muito mesmo — gaguejou Kawara em um misto de apreensão e vergonha. — Mas o que você teria feito em meu lugar?

Mosuke não disse nada por um tempo. Genta, ainda com Kaigan na mão, interviu:

— Ei... Você lembra do aviso que eu tinha dado, certo?

Finalmente, Mosuke virou-se e falou:

— Já não foi sangue o bastante por uma noite?

Genta encarou o médico com um olhar sério, depois embainhou Kaigan e não disse mais nada.

— Perdemos nossa casa e nossos companheiros, mas ainda tenho a petição comigo. — Mosuke a desdobrava para todos verem. — E é o que importa por enquanto.

— Se quiserem, posso abrigá-los em minha casa. — Ofereceu Kawara.

Todos olharam para o traidor com olhares que variavam da desconfiança à repulsa, passando pela surpresa e também pela pena. Alguns ficaram inconformados diante do convite, como se aquilo pudesse redimir alguma coisa. Outros deviam estar imaginando se não se tratava de uma armadilha. Se a traição veio até aqui, por que não continuaria? Mosuke quebrou o silêncio:

— Está bem. Adoraríamos ter um teto essa noite.

— Você deve estar louco — resmungou Genta.

— Ele não vai mais nos trair, espadachim.

— Foi o que você achou alguns dias atrás.

— Ele teve seus motivos. — Mosuke soltou um longo suspiro. — Posso saber os motivos dessa sua nova amiga, por acaso?

Genta piscou, como se tivesse se esquecido totalmente da *kunoichi*. Tocou levemente o punho da espada e se dirigiu à estranha.

— Verdade. Como podemos confiar em você?

— Ter salvo sua vida e a dessas crianças essa noite não é o suficiente?

— Por favor, não me faça perguntas tão amadoras. Alguém no seu ramo deve saber que só se pode confiar em alguém sabendo seu verdadeiro nome e seus verdadeiros motivos. E até agora você não me deu nada.

— Está bem.

A ninja removeu a máscara e revelou o rosto. Genta a achou estranhamente familiar.

— Sou Kamatari. Agente secreta do governo de nosso xogum Tokugawa Ieyasu. Venho cumprir minha missão como informante do governo nas ruas de Edo.

— Kamatari, hein? — Interrompeu Genta desconfiado. — Você já teve outro nome, por acaso?

Ela não disse nada, como se soubesse que ele já tinha a resposta.

— Sim. — Completou Genta. — Eu lembro do seu rosto... Sakura.

33

A casa de jogos não tinha esteiras para dormir, mas todos ali já tinham dormido em locais piores e hoje estavam bem cansados. Mosuke e as crianças dormiam todos próximos. Genta dormiria em um canto isolado. Enquanto esperava o sono, o espadachim permanecia sentado, abraçando a bainha da espada (ainda não estava certo sobre a lealdade de Kawara), e ficava pensando no reencontro totalmente inesperado que tivera. Sakura, agora Kamatari, lhe contara sua trajetória desde que fora aprisionada nos barcos para propósitos cruéis.

Os corsários japoneses ainda praticavam o comércio de escravos em um território que abrangia desde o arquipélago nipônico, estendendo-se até a vizinha Coreia. A jovem Sakura, enquanto mulher, podia esperar um triste destino sendo vendida a um bordel, mas existiam outros planos para as mulheres da vila marcial dos pescadores.

Os bucaneiros mantinham pequenas conexões com organizações ocultas, submundanas, furtivas: os clãs ninjas. A relação entre ambos se resumia, na maior parte das vezes, a informações náuticas. Eventualmente os piratas poderiam fornecer outros itens valiosos para troca, como pessoas. Jovens órfãos, especialmente garotas, eram objeto de grande interesse para os ninjas. Eles procuravam aprendizes para incorporar seus esquadrões e sabiam da capacidade que as mulheres tinham para se infiltrar em recintos que seriam proibidos aos homens, e escutar as fofocas de generais e lordes sem levantar nenhuma suspeita. E, claro, da habilidade que elas teriam para empunhar uma adaga com uma mão, enquanto acariciavam o rosto do inimigo com a outra.

Assim, Sakura foi comprada, alojada e renomeada junto com outros órfãos para um treinamento de guerra que o resto da sociedade japonesa só poderia se dar ao luxo de imaginar. O universo dos ninjas era obscuro e envolto em lendas, como se eles fossem um tipo de *youkai* em forma humana. Isso contribuía para aumentar o medo deles. Os ninjas eram guerreiros mercenários assim como os samurais, e também foram exaustivamente empregados por *daymiôs* no período de guerras. Diferente dos soldados de armaduras brilhantes, porém, os guerreiros das sombras eram contratados em segredo, e seus feitos, tão importantes para mudar o rumo de uma guerra quanto as vitórias ou derrotas nos campos de batalha, nunca entrariam para os registros históricos.

— Se tivemos a mesma função, por que nós fomos dispensados como cães sem dentes, e vocês continuam sendo úteis nesses tempos de paz? — questionou Genta.

— Porque "paz" não passa de uma ilusão. A ameaça de violência sempre está se escondendo e se esgueirando debaixo da superfície, como o *kappa* espreitando debaixo da água.

Nós somos úteis para manter o monstro submerso. Vocês são necessários quando ele emerge e ataca. Algo que, felizmente, será difícil de acontecer se fizermos nosso trabalho direito — respondeu Kamatari.

— Humm... — riu Genta irônico. — Ambos não passamos de mercenários, gente que mata e fere para ganhar o seu pão, mas desde o fim das guerras, só tenho trabalhado para gângsteres, agiotas, cafetões e outros tipos desprezíveis. Você ainda pode trabalhar para lordes e até para o governante deste país.

— Nós, ninjas, *somos* a escória da sociedade. Entre nós muitos foram criminosos fugindo da lei ou mendigos e camponeses miseráveis buscando conquistar uma vida melhor com seus punhos. Ainda assim, aqueles que estão no topo nos contratam porque têm medo de acordar com uma faca no escuro. Até mesmo o grande xogum Tokugawa. Um homem que já lutou tantas batalhas e matou tantos inimigos nunca guardará sua espada ou deixará de temer um novo inimigo. Sabe que quem está no topo pode desabar num instante se for descuidado. Rebeliões, traições, tudo é uma possibilidade bem real. E lembre-se de que o herdeiro de Toyotomi ainda vive... — A ninja cerrou o punho e o manteve erguido pouco à frente do peito. — O xogum venceu a última guerra para unificar o país, mas isso foi só o começo. Ele precisa manter a ordem que criou. E precisa ser tão implacável para mantê-la quanto foi para criá-la. Ele deve manter as ameaças sob vigilância e controle, e também deve demonstrar sua força ao impor uma lei forte. É por isso que ele não pode tolerar magistrados corruptos como Ishimatsu em seu próprio território!

— Agora chegamos ao ponto que nos interessa. Qual é o seu plano agora? Denunciá-lo diretamente ao xogum?

— Eu preciso de provas para incriminá-lo. A petição de vocês será de grande ajuda. Mas, a essa altura, Ishimatsu sabe que a petição está intacta e usará os *kabukimono* para vir atrás de vocês.

— Pelas minhas contas, ainda há três deles. Aqueles são cascas-grossas, não posso com os três sozinho.

— É por isso que tenho um plano para acabar com eles e entregar a petição em segurança.

Depois de confabularem cuidadosamente, Kamatari pulou o muro do estabelecimento sem trocar palavras amigáveis. Genta também não fez questão de procurá-las. Colocou o médico a par dos planos e ia deixá-lo com as crianças para que todos pudessem dormir.

— Você a conhece? — perguntou Mosuke enquanto Genta dava-lhe as costas.

— Sim. E agora isso não importa mais — respondeu Genta sem se virar.

Pouco antes de cair no sono, veio à mente de Genta a imagem de uma menina adorável, vestida com um quimono estampado com as flores que levavam o seu nome. Cantando uma música que ele não ouvia há muito tempo:

Sakura, sakura
Os campos, montanhas e vilas,
Até onde a vista alcança
Estão cobertos por uma fumaça rosa ou nuvens
Brilhando lindamente sob a luz do amanhecer

Sakura, sakura, em pleno desabrochar
Sakura, sakura
O céu de março,
Até onde a vista alcança
Estão cobertos por uma fumaça rosa ou nuvens
Com a beleza das flores vindo à tona
Deixem-nos vê-las.

Era a imagem de uma menina que não existia mais. Assim como o menino que havia se encantado por aquela imagem não existia mais. Bem como aquela vida não existia mais. Aquela imagem era só uma lembrança com o leve poder de provocar nostalgia e revelar como o tempo muda as coisas completamente.

34

Amanheceu o dia mais quente desde que chegaram em Edo. O sol parecia refletir o fogo da noite anterior... ou anunciar o conflito que estava por vir. Todos os membros da comitiva, Genta, Mosuke, Kohaku, Ayame, Mamoro e Kawara saíram nervosos, pois sabiam que era o dia em que derrotariam ou seriam derrotados pelos *kabukimono*.

A comitiva caminhou lentamente, porém a passos firmes, pelas ruas. Passando por transeuntes apreensivos com a perspectiva do que ia acontecer. Todos sabiam do incêndio do dia anterior. De cima dos telhados, uma sombra os acompanhava, discreta. Finalmente, ao dobrarem uma esquina, eram aguardados.

A rua já estava deserta, exceto por cinco homens: Gekki, os irmãos Goro e Honda, Jakken e Ishimatsu, que olhava presunçoso de cima de seu cavalo, como se fosse intocável.

— Não posso usar os meus homens para eliminá-los, pois seria muito indiscreto — murmurou o magistrado para os *kabukimono*. — Conto com vocês.

— Humm... muito bem, então. — Gekki deu um passo à frente e sacou a espada. — Os idiotas de ontem podem não ter feito um trabalho bem-feito, mas hoje vocês todos irão morrer!

— *Ronin* miserável! — berrou Jakken. — Hoje você vai se arrepender!

O brutamontes avançou com a arma em punho, certo de que os *kabukimono* cobririam suas costas. Rápido como um relâmpago, Genta sacou Kaigan e deu fim a Jakken antes que este percebesse que estava sozinho no ataque.

— Você é um desgraçado, Gekki — sibilou Genta enquanto o sangue pingava de sua lâmina. — Comprou não os rufiões mais fortes, mas os mais estúpidos, e os usou como peões sabendo que não eram páreo. Queria eliminá-los desde o começo para não ter que dividir os lucros.

— Somos todos descartáveis, não somos? Ontem mesmo, os que não morreram no ataque à casa de Kawamaru foram mortos por minha espada. Eu só precisava de um pequeno exército para desafiá-lo sem sacrificar os meus comparsas nessa guerra.

— Então você irá empreender uma guerra nas ruas de Edo agora? Será você o novo Tokugawa que unificará o submundo e trará paz às ruas?

— Só até o próximo que vier me desafiar para tomar o que é meu. Assim seguirei da forma que sei viver até o meu último dia.

Ishimatsu! — berrou uma voz. Todos olharam para cima. Kamatari gritava de cima do telhado. Tirou a petição de dentro do uniforme e a desenrolou para deixá-la bem visível. — Sou uma informante do governo Tokugawa! Tenho em mãos o documento que denuncia você! Entregarei isto aos representantes do xogum, e você terá sorte se mandarem abrir o seu ventre para morrer com o pouco de honra que lhe resta, seu grande covarde!

A arrogância no rosto de Ishimatsu foi imediatamente substituída por medo e uma pontada de desespero. Kamatari virou-se e desapareceu do telhado.

— Vão atrás dela agora! — ordenou Ishimatsu.

— Por que não vai você, já que está em cima do cavalo? — perguntou Gekki acidamente. — Lembre-se de que sou seu parceiro de negócios, não seu subordinado.

Com o rosto vermelho, Ishimatsu instigou a montaria e disparou na direção onde Kamatari parecia ter ido. Os três assassinos viram diante de si apenas Genta e alguns civis e crianças.

— Isso vai ser um mero exercício matinal. — Gekki mostrou os dentes em um sorriso selvagem.

Enquanto agitava desenfreadamente o cavalo pela rua, Ishimatsu olhava para cima e não percebeu quando uma corrente se enrolou em seu braço e o puxou do cavalo. Com o braço imobilizado, o magistrado não conseguiu se amparar na queda e foi nocauteado pelo impacto.

— E agora, espadachim solitário? Vai enfrentar três de nós sozinho? Posso garantir que somos um desafio muito maior do que o cobrador de dívidas e os lixos que ele contratou.

— Eu não sonharia em enfrentá-los sozinho, Gekki.

Um assobio veio pelas costas dos mercenários. Kamatari já estava bem ali.

— Mas que diabos... — Começou Gekki. — E a petição?

Kamatari mostrou novamente o documento e o rasgou sem cerimônia. Então foi a vez de Mosuke falar:

— Ei! Imbecis! — E tirou a petição verdadeira de seu quimono.

As crianças mostraram a língua para os inimigos e todos fugiram pela rua afora, com exceção de Genta e Kamatari, posicionados à frente e atrás dos *kabukimono*.

— Parece que vocês estão cercados, amigos. — Sorriu Genta.

— Faça as contas, seu desgraçado — rosnou Gekki. — Ainda são três contra dois! — E partiu para cima do adversário.

Goro investiu sua lança contra Kamatari. A ninja recuou a uma distância segura, e arremessou um shuriken mirando os olhos do lanceiro. Nesse momento, um cabo de madeira interceptou o projétil. Honda utilizara sua alabarda para proteger o irmão.

— A *naginata* é eficiente na defesa. A *yari* no ataque. Por isso não tinha dupla pior com quem você se meter. — riu Honda. — Qual é o problema? Não tinha nenhum plano?

Goro avançou de novo. Kamatari fugia e continuava jogando *shurikens* e *kunais*, mas Honda girava habilmente a sua alabarda, criando uma barreira entre os projéteis e Goro. Em uma situação normal, um protetor como esse poderia mais atrapalhar do que ajudar. Ao se colocar na frente do atacante, pode interferir no ataque ao alvo, e até correr o risco de ser atingido pelo próprio colega. Porém, a sincronia entre os dois era perfeita. Cada um sabia o seu tempo certo de atacar e proteger. Estava claro que não era a primeira vez que faziam isso. Na terceira vez que Honda se defendeu dos projéteis, Goro desferiu uma estocada com a lança que acertou de raspão a perna da ninja, abrindo um corte em sua coxa.

Percebendo que era um desperdício de armas, Kamatari fez uma aposta arriscada: ir para o corpo a corpo. Sacou a *kusarigama* e girou a corrente. Lançou o contrapeso da ponta contra Goro, ao que Honda bloqueou com o cabo da *naginata*, conforme a ninja previra. Kamatari fingiu disputar um cabo de guerra contra Honda, fazendo força para puxar a corrente de volta.

— O que foi? Está presa? — Riu Honda.

Goro veio com a *yari* em uma estocada fatal. Kamatari então largou a foice e explodiu em um rolamento para a frente, passando por baixo das pernas de Honda. Agora ela estava onde queria: bem no meio dos dois. Levantou-se já sacando dois *sais* da cintura. De uma posição semiagachada, desferiu uma estocada dupla nas pernas de Goro, acertando artérias vitais nas coxas, e recuou com uma cambalhota para trás antes que a lança descesse. Logo em seguida voltou-se para Honda. Como ela já estava muito próxima, o alabardeiro não podia usar as pontas da arma, só podendo acertar com as laterais do cabo. Kamatari se abaixou para se esquivar do golpe e aproximou-se para colar o corpo com o do adversário para neutralizar de vez sua arma. Notando isso, em uma atitude quase suicida, Honda usou o cabo para prensar a inimiga contra o seu próprio corpo, como se desse um abraço com a arma.

— Pegue-a agora! — gritou o alabardeiro para o irmão.

Goro mancou para posicionar a lança. Isso deu tempo de Kamatari espetar os *sais* nos possantes bíceps de Honda, minando toda força de seus braços e permitindo que ela se soltasse. Ela esquivou da lança a uma fração de segundo antes de acertá-la. Goro varou o corpo do próprio irmão. Enquanto o lanceiro via em choque o que tinha feito, a ninja teve tempo de apunhalar a lateral de seu pescoço e encerrar o combate.

Pés grandes e pequenos corriam pela capital em direção ao centro, esquivando-se pela multidão e ecoando pelas paredes. Mosuke e os outros olhavam por cima do ombro, com medo, e retomavam a corrida, sem pausa para tomar fôlego.

Finalmente encontraram o que procuravam: o Castelo Edo, a morada do xogum. Ao se aproximarem dos portões, guardas carrancudos os olharam com desdém e os mandaram aguardar até que o xogum retornasse. Primeiro, os minutos foram uma oportunidade para ofegarem em silêncio, enquanto inspiravam profundamente o ar tal qual náufragos saboreiam água fresca depois de vários dias à deriva. Depois, os minutos se tornaram horas e a ansiedade começou a bater. Kohaku começou a levantar questões sobre o bem-estar de Genta e da moça.

— Claro que eles venceram! — insistia Ayame. —O senhor Genta venceu sete homens sozinho! E aquela moça derrotou um gigante! Nós vimos! Eles são muito fortes!

— Mas os inimigos de hoje são os mais fortes de todos... — questionava Mamoro. — E o senhor Genta ainda está se recuperando da luta contra aqueles sete homens. Talvez não esteja tão forte...

— Independente de eles terem sobrevivido ou não, eles cumpriram o seu papel hoje. — Cortou Mosuke, com voz neutra, mas não fria.

As crianças o olharam sem saber o que dizer, então o silêncio imperou pelo resto da espera.

— Ele chegou! — anunciou um arauto com sua voz aguda.

O cortejo de Tokugawa Ieyasu se aproximava com uma lentidão majestosa, repleto de guardas, cortesãs e serviçais. Até mesmo os servos esbanjavam elegância e altivez na sua postura. O xogum em si nem era visível. Estava oculto dentro da liteira que era carregada por dois servos, um na frente, outro atrás. Mosuke e Kawara não perderam tempo e lançaram-se em direção ao cortejo até serem barrados pelas lanças dos guardas.

— Vossa alteza! — começou o médico. — Vossa alteza, trago-lhe uma petição dos comerciantes de Edo!

Os golpes consecutivos se dissolviam em ecos das espadas e desgastavam a força das mãos. Os ecos daquela luta, porém, remontavam a um combate bem anterior, quando os dois ainda eram meninos na praia.

Quando lutaram pela primeira vez, eles tinham a mesma habilidade, apenas a atitude que pendia a balança em favor de um. Agora não era diferente. Gekki parecia um tigre atacando com as garras. Sempre lutou como um caçador, pois a outra opção era ser uma presa e isso ele não queria. Era sendo um caçador que ele sobrevivia. E graças a isso quase tinha feito de Genta uma presa. Mas foi quando Genta entendeu que também precisava ser um caçador que o jogo virou. O antigo instrutor, Akamatsu, tinha notado como a fraqueza de Genta era apenas dúvida disfarçada. E ele se regozijou ao ver dois tigres que tinham compreendido como o mundo funcionava. Eles estariam no topo e suas vítimas na base.

Contudo, se Akamatsu assistisse aos alunos lutando essa segunda vez, perceberia uma atitude nova, que ele nunca tinha mencionado. Gekki nunca mudara, permanecendo o predador forte, perigoso e sanguinário. Tudo o que era necessário para vencer. Em sua vida, Genta também abraçara as mesmas qualidades, só que agora, dava para notar algo mais. Era uma atitude diferente, que o mantinha firme diante do inimigo mas não emanava fúria ou ódio. Os duelistas separaram as espadas e ficaram imóveis, estudando um ao outro. Gekki parecia ser o mais intrigado:

— Me responda uma coisa. Por que não se aliou a nós? Por que proteger pessoas bem mais fracas do que você?

— Essas pessoas podem ser fracas... — Genta fechou levemente os olhos... e então os arregalou ferozmente. — Mas a razão que as faz lutar é muito mais forte do que a sua!

Ambos explodiram em um ataque final e certeiro. Vozes rugiram e os músculos se retesaram. As lâminas cortaram carne. A respiração parou. Houve uma, duas, três, quatro, cinco palpitações cardíacas no que pareceu o mais absoluto silêncio, por um tempo que pareceu tão longo que ambos acreditaram já estarem mortos. Então, a quietude foi cortada pelas palavras ofegantes de Gekki:

— A única coisa que faz diferença nesse mundo é o poder. Então... o quê... o que te torna mais poderoso do que eu? — E tombou, sem tempo de ouvir a resposta.

— Talvez você entenda... em sua próxima vida.

— Então está feito?

— Sim. Ishimatsu Yoshida foi ordenado a cometer *sepukku* esta manhã. Sua morte foi um aviso a qualquer um de seus sucessores.

Em frente ao estabelecimento de Kawara, Kamatari colocava Mosuke, Genta e os pequenos a par dos resultados de seus esforços. Estavam todos ansiosos pelas últimas notícias.

— Finalmente acabou. — Suspirou Mosuke. —Agora podemos recomeçar nossas vidas.

— Sim — gemeu Genta, transparecendo incerteza na voz.

— Bem... — começou Kamatari. — Agora não sou mais necessária aqui e terei outras missões. Preciso ir embora. Obrigada por cuidar de meus ferimentos, médico. — completou ela dando um leve tapinha na perna que tinha sido atingida.

— Nós que te agradecemos por toda ajuda que nos deu. Sem ela, estaríamos mortos, sem dúvida — respondeu Mosuke, com as crianças sorridentes atrás dele.

— Vocês sabem que eu estava apenas cumprindo minha missão para com o xogum. Nunca tive a intenção de salvar vocês, especificamente.

— Pessoas como você, minha cara, nunca admitem em voz alta que estão ajudando o próximo. —Sorriu Mosuke.

Kamatari retribuiu com um sorriso cansado, então deu as costas para partir.

— Sakura... — falou Genta.

A ninja olhou para ele bastante contrariada.

— Você sabe que esse não é mais o meu nome.

— De qualquer forma... obrigado. — e deu um sorriso tão cansado quanto o dela.

Sakura o olhou por alguns instantes, e então seguiu pela rua, ambos sabendo que era muito improvável se esbarrarem novamente algum dia.

— Bom... Agora eu acho que é minha vez — disse Genta, colocando seu chapéu na cabeça e sua sacola no ombro. — Como você disse, está acabado. E eu também não sou mais útil por aqui.

— Sabe para onde vai?

— Talvez para o norte. Nunca procurei emprego lá. Vamos todos recomeçar a vida de onde paramos, não é?

— Iremos reconstruir nossa clínica. Mas você também nunca foi de ficar muito tempo em um lugar, não é?

— E eu já fiquei tempo demais em Edo. Cuidem-se.

— *Ronin*...

— De nada. — Sorriu Genta, antecipando-se, ao que o médico sorriu e respondeu:

— Obrigado.

Genta olhou para os pequenos e conseguiu aumentar ligeiramente o sorriso:

— Cuidem-se, crianças.

Genta virou-se para ir embora, certo de que aquilo era um adeus, quando sentiu uma mãozinha puxando a barra de seu quimono.

— Senhor Genta... Não vá embora.

— Não há mais nada para eu fazer aqui, Kohaku.

— Mas eu quero que você fique...

— Eu não permaneço em lugar nenhum, garoto. Essa é a minha vida.

— Mas...e se vierem mais homens maus?

Genta olhou bem para o menino, mas pareceu, de verdade, olhar profundamente para dentro de si. Então se ajoelhou até a altura de Kohaku.

— Nenhum homem mau poderá te enfrentar, Kohaku. Porque você vai ser muito forte. Mais forte que eu. Mais forte que qualquer outro. E então, não vai precisar de ninguém para proteger os que ama.

— Mas... como? — Perguntou o menino, de olhos arregalados diante daquela promessa.

— Eu te ensinarei.

O *ronin* se levantou e chamou Mosuke:

— Ei, médico! Acho que, uma hora, nos cansamos de vagar por aí, não é?

— Só quando encontramos o nosso lugar.

TERCEIRA JORNADA

"Zilu perguntou: 'Como servir aos espíritos?' O Mestre disse: 'Você ainda não é capaz de servir os homens, como serviria aos espíritos?' Zilu: 'Posso perguntar sobre a morte?' O Mestre disse: 'Você ainda não conhece a vida, como conheceria a morte?"

Confúcio, *"Analectos."*

35

As montanhas, com os seus picos nevados, testemunharam a passagem daquele solitário viajante. Não só as montanhas, mas florestas animadas com o canto de pássaros, cascatas trovejantes, e estradas silenciosas como uma tumba viram o seguimento daquela jornada.

Vez ou outra, uma cidade, acompanhada da típica cacofonia e agitação humanas, era seu próximo destino. Naquele dia, o andarilho chegara a Edo e perambulara por suas movimentadas ruas. Parou diante de um portão, que diziam ser o *dojo* que estava procurando.

— Ôh de casa! — Chamou ele de forma polida.

A porta se abriu, e apareceu um jovem alto e de físico imponente.

— Bom dia. — falou o forasteiro com seus modos cavalheirescos. — Meu nome de nascimento é Shimen Takezo, mas pode me chamar de Shimen Musashi, da província de Miyamoto. Venho há muitos anos viajando pelo país e desafiando os espadachins que encontro pelo caminho, para aprimorar a minha técnica. O senhor é Kuranosuke, o mestre deste *dojo*?

— Não, senhor. Sou o discípulo mais antigo dele. Kohaku. Meu mestre viajou, senhor, mas acredito que voltará amanhã.

— Entendo. Por gentileza, quando o seu mestre retornar, diga a ele que eu agradeceria muito se ele me desse a honra de um chá.

O andarilho não precisava ter dito mais nada além de seu nome. Todos já tinham ouvido falar do ronin Musashi, da província de Miyamoto, que tinha derrotado todos os alunos da famosa escola Yoshioka e ainda disputado o título de maior espadachim do Japão em um embate com o infame Sasaki Kojiro. Esse era um homem a ser temido, pensava Kohaku. O fato de ele estar à sua porta parecia um presságio da morte.

36

Sakura, sakura
Os campos, montanhas e vilas,
Até onde a vista alcança
Estão cobertos em uma fumaça rosa ou nuvens
Brilhando lindamente sob a luz do amanhecer
Sakura, sakura, em pleno desabrochar
Sakura, sakura
O céu de Março,
Até aonde a vista alcança
Estão cobertos em uma fumaça rosa ou nuvens
Com a beleza das flores vindo à tona
Deixem-nos vê-las

Era incrível como aquela cantoria de criança ocupava sua mente enquanto olhava para aquele túmulo. Chovia leve enquanto ele deixava uma pétala de cerejeira, sua única oferenda para aquela pessoa.

— Eu não esperava que nossos caminhos se cruzassem novamente. — disse Genta, cujo os cabelos já eram grisalhos, para a jovem que lhe trouxera até aqui. — Mas...É sempre um choque quando nos reencontramos.

— Ela fez questão de que o senhor ao menos soubesse. — Acrescentou a moça. — A mestra não teve uma vida recheada com alegrias, nem pessoas ao redor com quem se importasse. Mas escreveu em seu testamento que tinha consideração pelo senhor.

— Eu também tive por ela. — *Provavelmente...nossa consideração mútua seja por lembranças, não por pessoas.* Pensou Genta.

Imagens passavam por sua cabeça ao fitar o túmulo. Uma menina inocente e alegre em seu inseparável quimono de pétalas. Uma guerreira austera e implacável em um uniforme ninja. Só que tudo aquilo acabava no túmulo que via à frente. O velho ronin refletiu sobre o fato de que não haveria mais versões de Sakura, Kamatari ou quem fosse. Daqui para frente, aquela pessoa seria apenas o que guardasse na memória.

— Quantos anos tem, minha jovem? — perguntou o velho.

— Dezesseis, senhor.

— Quantas versões de você não estão por vir...

— Perdão?

O velho riu e começou a divagar:

— Quando eu era uma criança, vivendo naquele vilarejo, eu me imaginava daquele jeito por toda a vida. Pensando nas mesmas coisas, e sendo a mesma pessoa. Talvez esse medo da passagem do tempo, esse constante desejo de fazer com que pare, não venha do medo de se estar cada vez mais próximo da morte, mas de uma necessidade de parar, sentir-se e conhecer-se melhor. A vida muda muito conforme ela avança: a visão de mundo que temos, as pessoas que nos cercam, aquilo que construímos. Nós nunca sabemos o que irá acontecer e, às vezes, temos medo da pessoa que iremos nos tornar. E enquanto estamos nesse fluxo, podemos nos perguntar se estamos satisfeitos com aquilo que somos. Mas como entender o que somos se já mudamos de ontem pra hoje, e de hoje pra amanhã? Nós somos como a água corrente em um rio dinâmico chamado vida, sendo constantemente empurrados por uma correnteza implacável chamada tempo, rumo a um mar desconhecido chamado morte. Mas talvez, só quiséssemos desacelerar essa correnteza para perceber a água doce que somos, antes de nos dissolvermos na próxima curva do rio. Talvez...

O velho foi mais longe em sua reflexão. Pensou, por um momento, como teria sido a vida se ele e Sakura tivessem permanecido naquela aldeia. Ele teria seguido os passos do pai e teria sido um *ji*-samurai e pescador. Sem os medos do tempo e da morte para lhe travar naquele momento, poderia ter abordado Sakura, e ela poderia ter gostado dele se não fosse esquisito. A relação entre os dois poderia ter florescido, poderiam ter se casado e tido filhos. À essa altura, poderiam estar rodeados de netos. Mas o caminho foi diferente.

Então Genta se corrigiu, lembrando que, mesmo sem a intervenção da natureza e dos piratas, ele teria ido ao monastério, e provavelmente nunca mais a teria visto de qualquer forma. E imaginou agora como teria sido sua vida dedicada aos ensinamentos do Senhor Buda. Teria ficado satisfeito? Será que em algum momento do caminho não teria desejado algo diferente? A essa altura, seria iluminado? E será que em todos esses destinos possíveis, ele não estaria em algum momento imaginando sua vida em outro destino? Existe algum ser que nunca tenha questionado sua vida e se perguntado como ela teria sido diferente? Talvez um ser muito feliz.

— Só buscamos dar um sentido para a vida, porque ela não é como queremos. Quando está do jeito que nos satisfaz, nós apenas a vivemos. Quem se perguntaria sobre o porquê de sua vida, se fosse feliz o tempo todo? Nós queremos dar sentido àquilo que nos incomoda, que nos entristece e que nos adoece. Queremos entender porque viemos ao mundo para sentir essas coisas. Assim, quando revemos nossas vidas, atribuímos significados aos piores momentos que tivemos, percebemos os caminhos a que nos levaram, e agradecemos os desfechos bons. Isso tudo para entender algo, visto tanto como um suplício quanto como uma dádiva, mas que não tem nenhum significado, que é a vida como ela é, com seu sofrimento e felicidade.

O velho lembrou-se da última vez que encontrara aquela tartaruga. Se ela estivesse aqui, ele lhe perguntaria como a iluminação poderia ser o propósito da alma sendo que havia tantos desfechos alternativos para a vida. No fundo, sabia a resposta: tudo depende de suas escolhas.

— Talvez não fosse o destino de minha alma...mas foi a escolha dela.

O céu trovejou. A chuva ficou mais intensa. A estrada agora estava enlameada, por onde Genta chapinhava suas sandálias ao passar.

37

— Seja bem-vindo. Por favor, sente-se. — anunciava o mestre do *dojo* para o convidado. — Adotei o nome de meu pai adotivo, Kuranosuke, mas o nome que ele me deu era Genta. Posso servi-lo?

— Por favor. — Gesticulou Musashi.

Ambos estavam em uma sala cujo o biombo aberto dava para um jardim preenchido com *bonsais*, um lago e uma fonte que descia por um canudo de bambu. Entre o anfitrião e o convidado havia uma pequena mesa da altura dos joelhos, na qual estava o chá que o primeiro servia ao segundo.

— Então, mestre Musashi, conte-me sobre sua peregrinação como espadachim.

— Hum, posso dizer que foi muito mais do que uma peregrinação como espadachim.

— Encontrou algo mais interessante do que ser o espadachim mais forte e renomado de todo o país? — Genta esboçou um sorriso irônico.

— De fato. — Musashi retribuiu o sorriso. — Ainda assim, não rejeitaria o título, pois além de ele ser o reconhecimento de meu esforço, é a prova de tudo o que passei para chegar à verdade.

— "Verdade", essa é uma palavra forte...

— Mas conhecer a verdade da espada, é conhecer a verdade de tudo. Todos os duelos de que participei, as inúmeras situações de vida ou morte a que sobrevivi, as várias vidas que tirei, nada daquilo me mostrou a verdade. Aquilo mostrou que eu era melhor que meus adversários, mas não que eu compreendia a essência da espada e do combate. Bem, ao menos pôde me apontar a direção certa. O caminho verdadeiro, o qual busquei aprender sozinho. O Caminho da estratégia militar envolve estar sempre pronto para a batalha, ter uma técnica perfeita e derrotar todos os oponentes que conseguir, sim, mas nada disso significa vivenciar o verdadeiro caminho. O Caminho da estratégia militar é a via pela qual nós, os guerreiros, preparamos nossos espíritos para o grande destino que é a morte.

"Cada pessoa, de cada profissão, de cada classe social, percorre o seu caminho. Agricultores, mercadores, médicos, carpinteiros, pescadores, artesãos, todos passam suas vidas se aperfeiçoando, dando sentido às suas vidas até morrer. Assim como eles, nós guerreiros precisamos fazer bom uso de cada dia em que estamos vivos para nos aprimorar. Mas vivenciar o Caminho da estratégia militar implica em mais do que buscar a perfeição, consiste em dar ao espírito um vislumbre da iluminação ao longo da jornada de treinamento. "

Ao ouvir essas palavras, Genta olhou fundo nos olhos do convidado, e Musashi captou o interesse:

— No começo, a espada é uma forma bruta e grotesca de metal, e então, o diligente trabalho de um bom ferreiro forja sua beleza e pole sua letalidade, transformando-a na sofisticada arma que se une à alma do guerreiro que a empunha. Assim acontece com nossas almas. Somos seres impuros, falhos e ignorantes nesse mundo, mas percorrer um caminho que leve até a iluminação afia nosso espírito até que ele esteja pronto para quando deixar este mundo. Existe mais de um caminho, é verdade, como o de Buda, Confúcio ou *Kami*, percorrido pelos religiosos e filósofos. Os caminhos da escrita, da poesia, da pintura, da escultura, do teatro e da música, percorrido pelos artistas. E muitos outros caminhos. Tudo é um caminho! E nunca se trata de apenas entender aquilo, mas de viver, sentir, intuir, perceber, fundir-se, ver com os olhos da alma, não da cabeça. Até você nem sentir mais a espada na mão, pois ela já é parte da alma. Pois no fim, a iluminação é algo que não é para ser explicado. Apenas para ser.

Ao final da prosa de Musashi, ambos ficaram em silêncio por alguns instantes, sendo a fonte no lago o único som no recinto. Mas Genta mantinha em Musashi um olhar ávido de curiosidade, porém, diluída em algo que parecia ser relutância. O convidado sentiu o espírito conflitante de seu anfitrião e quebrou o silêncio:

— Mas o que me atraiu para o prazer de sua presença foi ter ouvido falar de um pequeno *dojo* que parecia nunca pretender ter sido grande. Uma escola onde treinavam filhos de mercadores, camponeses e artesãos. E apesar de o mestre do lugar nunca ter procurado a atenção de samurais ou lordes, o que faria muitos duvidarem de suas ambições, ele também nunca perdera qualquer desafio feito à sua escola. Escola essa a qual ele sequer deu um nome.

— Nunca vi necessidade de entrar para os pergaminhos da história.

— É mesmo? Em meus duelos, os oponentes sempre estavam interessados em adquirir a glória por cima do meu cadáver, como foi Sasaki Kojiro, ou preservar sua honra, como foram os membros da casa Yoshioka. Houveram até os que simplesmente precisavam que seus nomes fossem conhecidos para serem contratados por algum senhor feudal, mas nenhum de meus desafiantes ambicionava a discrição.

— Hum. —agora foi a vez de Genta se perguntar internamente se o seu interlocutor o entenderia. —Há uma lição que aprendi com esse mundo, senhor Musashi, que é ter o poder de matar para proteger, mas o que eu também aprendi com ele foi que as ações devem ser guiadas pela compaixão ao próximo. O poder reflete a alma. Se a alma for movida por emoções negativas, o poder será negativo. Usará o poder para pisar em cima dos outros, mas se suas emoções forem boas, seu poder irá proteger os que estão à sua volta. E a alma que não for movida por emoção nenhuma não fará nada. E, por muito tempo, eu não fiz nada. Assim como o senhor, percorri muitas distâncias e sobrevivi a muitos combates para descobrir qual era o meu Caminho.

Musashi ergueu uma sobrancelha:

— Então somos dois homens que dedicaram suas vidas a caminhos distintos. Muito interessante...Mestre Kuranosuke, o senhor imagina com que objetivo bati à sua porta, não é?

— O senhor queria me propor um duelo.

— Sim. E agora estou muito animado com a expectativa. O Caminho da estratégia militar só pode ser verdadeiramente trilhado vivenciando o combate de vida ou morte, com nossas técnicas e habilidades sendo testadas ao extremo. Sem isso, ele desvirtua-se totalmente de sua essência. Não passa de uma sombra sem o seu conteúdo. Por essa razão, nenhum de nós poderá se conter nesse duelo. O senhor me daria a honra?

— Mestre Musashi...até quando o senhor pretende ficar em Edo?

— Passarei mais uma noite em uma hospedaria a duas quadras daqui. Irei embora ao nascer do sol.

— Então o senhor se importaria de esperar minha resposta na hospedaria? Prometo que irei enviá-la esta tarde.

— Sim...Claro. —Disse o convidado, disfarçando uma ligeira decepção na voz. —Muito obrigado pelo chá. Foi uma honra tê-lo conhecido, Mestre Kuranosuke.

Kohaku acompanhou o forasteiro até o portão. Quando retornou aos aposentos do mestre, este lhe disse:

— Kohaku, reúna todos os alunos. Tenho uma palavra a lhes dizer.

O interior de um *dojo* é um local barulhento, sempre reverberando os ecos de madeira chocando-se contra madeira e os gritos que acompanham os golpes. Mas naquela tarde, o clima era coberto de inquietação e dúvida. Os alunos, reunidos na sala de treino, cochichavam ansiosos aguardando o mestre. Finalmente, Genta surgiu acompanhado de Kohaku. Nenhum dos discípulos nunca tinha visto o mestre tão abatido. Então eles captaram algo que não esperavam dele: medo.

— Digam-me uma certeza que vocês tenham sobre esse mundo que não seja o fato de que o deixarão um dia? — começou Genta — Aqui estamos em um mundo no qual não podemos ter certeza de nada. De *Kami*, da justiça, da verdade, do Caminho e de nós mesmos. Tudo o que é incerto aqui fica claro do outro lado. Conseguem imaginar o quanto que pode ser aprendido aqui?

"Agora estou com aquela dúvida que todos teremos que confrontar um dia: eu aprendi o que precisava aprender? Vocês perceberão que é mais fácil viver sem acreditar que há um sentido na vida. Viver à revelia, ainda que seja angustiante, é mais fácil que acreditar que haja uma tarefa a ser cumprida, porque assim, ao morrer, tudo simplesmente acaba. Aquele espadachim, Musashi, dedicou sua vida ao Caminho da iluminação e preparou seu espírito! Como eu o invejo! E se minha existência tiver sido desperdiçada?

Para mim, uma espada deve ser forjada em fogo e a golpes de martelo para que se torne resiliente. Eu almejava resiliência, mas ele viu além disso. Não somos apenas objetos resilientes devido às pancadas da vida. Somos lapidados para nos tornarmos um só com algo mais, assim como uma espada se funde ao espadachim.

Estou com medo, meus amigos, admito que estou com medo! Enfrentei a morte muitas vezes antes, e tive medo em todas elas, mas em nenhuma vez a morte tinha me lembrado de que não era dela que eu tinha medo... Eu não sei se estou pronto! Se fiz bom uso de minha passagem para que meu espírito não precise retornar! Eu temo não estar pronto! Eu temo!".

Para Genta, Musashi fazia o papel daquela tartaruga, enquanto ele reagia da mesma forma de quando era um menino. Genta tinha se acostumado com a morte, mas agora, nesse momento derradeiro, quando esta trazia à tona questões há muito deixadas de lado, o velho guerreiro não sabia o que fazer. Kohaku se compadecia com o temor de seu mestre e compreendeu que, se por um lado ele estava tomado de medo, por outro, exigia muita coragem expor os seus medos assim na frente de seus alunos. O jovem se aproximou do velho e pousou a mão gentilmente em seu ombro.

— Mestre... Para nós, o senhor foi um herói.

Dois dos alunos que estavam na primeira fileira, uma mulher e um rapaz, se levantaram para ser ouvidos.

— Eu conheci um homem que olhou para mim com indiferença quando eu estava em um bordel e depois me salvou de ser violentada — disse Ayame.

— Eu conheci um homem que dirigiu palavras duras ao finado doutor Mosuke, e olhou para ele com desprezo, mas mesmo sendo capaz disso ele impediu que eu fosse assassinado na frente de meu irmão mais novo — disse Mamoru.

— Eu conheci um homem que não me causou uma boa primeira impressão. Me pareceu apenas um mercenário cínico, rude e egoísta. Mas depois ele me ensinou que o herói não é aquele imbatível nas batalhas, ou que desbravou centenas de lugares desconhecidos, como nas estórias. Pois ser um herói não se trata de salvar o mundo, se trata de salvar a si mesmo para então fazer a diferença no mundo.

Todos os alunos presentes se levantaram e Kohaku apontou para eles:

— Todos nós aqui, filhos de mercadores, camponeses e artesãos, pudemos proteger o nosso bairro e nossas famílias porque o senhor se dispôs a ensinar um a um. À sua maneira, o senhor foi um herói para muita gente, então, independente do que acontecer quando o seu espírito deixar este mundo, pode ir feliz com a certeza de que cumpriu o seu papel nele. E tenho certeza de que o sábio doutor Mosuke diria o mesmo.

— Obrigado, mestre Kuranosuke. — Ecoaram os discípulos em uníssono.

Comovido ao ponto de não conter as lágrimas, o professor disse aos alunos:

— Eu que agradeço, meus amigos. Eu cumpri a missão para com vocês, e agora preciso cumprir a missão para comigo. Kohaku, por favor, envie esta carta ao senhor Musashi, na hospedaria, e diga a ele que estou pronto para o que o destino me reserva.

O sol já estava tão baixo, que a ponte parecia cortá-lo ao meio, quebrando a luz que se refletia nas águas do rio. De um lado da ponte, estava o desafiante, do outro, o anfitrião e seu discípulo mais antigo. Ambos caminharam pisando lentamente na madeira da ponte, até estarem na distância de uma espada.

— Obrigado por aceitar o meu desafio, mestre Kuranosuke.

Por alguns instantes, Genta revelava uma verdadeira satisfação enquanto encarava Musashi:

— Mestre Musashi... O senhor afirmou que tudo é um caminho. Conhecer a essência da espada é um caminho. A essência da filosofia, da pintura, do chá ou da poesia... Porém, não podemos esquecer que todos esses caminhos perpassam pela essência daquele que o trilha. Para conhecer a essência dos caminhos, conhecemos a nossa própria essência. No fim, o que eu aprendi ser o mais importante a ser entendido durante a vida somos nós mesmos.

"Eu aprendi a sobreviver como um guerreiro. Gostei e percebi que sou bom nisso. A visão de mundo muda e, com ela, os nossos propósitos na vida. Eu fui fiel ao propósito que minha visão de mundo me apresentou. Mesmo que não houvesse Buda, Dharma, mesmo que não houvesse caminho para a iluminação, eu encontrei *meu* caminho, ou o caminho me encontrou, e me ajudei ao ajudar muitas pessoas. Sinto que encontrei o que devia ter encontrado. Aconteceu o que devia ter acontecido, independente do que me aguarda quando eu for para o outro lado."

— O senhor tem razão, mestre Kuranosuke. Chegar à essência de si mesmo é chegar à essência de tudo.

Então ambos se calaram. Estreitaram os olhos. Franziram as sobrancelhas. Deslizaram as mãos até os cabos das espadas. Aguçaram todos os sentidos e sentiram com muita atenção. De repente, um saque, o som do metal, um corte e o sangue. E os dois ficaram novamente feito estátuas em suas posições diante do adversário. Uma gota de sangue escorreu e pingou na madeira. Depois veio um jato e Genta desabou na ponte. O sangue desceu pelo carvalho até cair pela beirada da ponte, misturando sua cor vermelha à água prateada do rio e diluindo as cores no tom dourado do sol refletido na superfície.

— Mestre! — gritou Kohaku correndo para o meio da ponte.

Musashi fez um movimento amplo com sua espada para remover o sangue na lâmina. Embainhou-a lentamente. Fechou os olhos e fez uma respeitosa reverência diante do corpo de Genta. Kohaku o tomou nos braços e percebeu que ainda lhe restava um pouco de vida.

— Obrigado, Kohaku, por fazer minha vida valer a pena até o fim — disse Genta, cuspindo um pouco de sangue. Fez um esforço para ser ouvido por Musashi. — Obrigado, mestre Musashi, por me ensinar até o último momento de minha vida. —Ele deu um longo suspiro e seu rosto se encheu de paz. —Quando nascemos estamos sozinhos. Quando morremos, estamos sozinhos. O que nos amedronta ao entrar no mar é a solidão. Mas agora eu não tenho mais medo. Assim como eu atravessei o começo, irei atravessar o fim.

Ao fechar os olhos do mestre, o aprendiz sussurrou:

— Fim? Não, mestre Genta. É só o começo.

E é nesse começo desconhecido que nossa estória termina.

38

Há uma versão da lenda que diz que a estória não termina aqui. Como Kohaku havia dito para consolar seu mentor, os alunos daquele *dojo* se uniram para proteger suas casas e famílias da ameaça de *ronins* foras da lei. Durante a vida de Genta, seus alunos defendiam apenas o que era seu quando ameaçado. Em uma noite, porém, pouco depois do falecimento de seu amado mestre, Kohaku atravessava a mesma ponte onde o duelo tinha ocorrido. Ainda pensava em Genta enquanto olhava para o céu estrelado e se apoiava no corrimão, melancólico.

Foi quando ouviu o som de sandálias de madeira estalando na noite. Na rua, alguém vinha correndo tão depressa que tropeçou e caiu. Sob a luz das lamparinas, Kohaku pôde ver como aquele homem sangrava por um corte em seu ombro esquerdo. Então o transeunte ergueu a mão em súplica:

— Por favor! Não faça isso! Eu quero viver!

Em seu encalço vinha um *ronin* com a *katana* já brilhando vermelha na luz noturna. Ele olhava ávido para a vítima.

Kohaku percebeu que aquilo se tratava de um *tsujigiri*, quando os espadachins matavam pelo simples capricho de testar o fio de sua lâmina. Então, sem perder tempo, correu pela ponte, desembainhando a espada. O *ronin* assassino erguia sua arma para retalhar, mas nem teve tempo de ver a lâmina inimiga antes de seus braços serem cortados. Só conseguiu ver a imagem de seu algoz e então teve o pescoço aberto. Kohaku permaneceu um tempo olhando o cadáver enquanto deixava o sangue pingar de sua espada. Era a primeira vez que tinha matado. O que o trouxe de volta de seus devaneios foi a vida que tinha salvo:

— Que os *kami* o abençoem, senhor! — Chorava o homem ajoelhado e com as mãos em prece. — Que o Senhor Buda o abençoe!

Alguns moradores, atraídos pelo barulho, arriscaram a olhar para fora de suas casas.

— Esse nobre senhor me salvou! — alardeava a quase vítima. — Ele salvou minha vida com sua espada!

A notícia se espalhou no dia seguinte, e no *dojo* todos falavam sobre a atitude nobre do mestre Kohaku. Compelido com um misto de vaidade, senso de justiça e respeito ao seu mentor, Kohaku falou aos irmãos e discípulos:

— Muitos inocentes estão desprotegidos por aí. Não há ninguém para ajudá-los. Nem a polícia pode salvá-los sempre, então temos que fazer bom uso de nossa força! Vamos vigiar as ruas de Edo e limpá-las dos *kabukimono* e outros criminosos que vitimam os inocentes!

— Sim, Mestre Kohaku! — urraram os alunos da escola, erguendo os punhos para o teto.

Assim, o *dojo* passou a ser o quartel-general de uma coalisão de patrulheiros das ruas. Com o decorrer do tempo, eles eliminaram muitos *ronins* violentos e sua reputação cresceu. Gradualmente, os *kabukimono* deixaram de aparecer na região. Como sua facção de vigilantes crescera e adquirira um reconhecimento em Edo, o líder decidiu que deviam ser identificados entre si e pelos de fora por um símbolo. Kohaku lembrou-se da história que o finado Genta lhe contara sobre quando deixara seu lar e se embrenhara em uma floresta medonha, onde enfrentou bandidos que tatuavam o corpo. Kohaku pensou em fazer o mesmo. Logo, os membros de sua patrulha caminhavam destemidos pelas ruas e os moradores os saudavam, enquanto os criminosos fugiam, ao verem suas tatuagens.

Pelo que alguns dizem, Kohaku teve uma vida nobre e longa. Tornou-se temido pelos foras da lei, ao mesmo tempo que administrou bem o legado de seu amado mentor e o deixou para o seu filho. Em uma geração, porém, as coisas começaram a mudar. Os novos membros da escola e da patrulha se deram conta de que tinham muito poder em mãos. Perceberam que tinham banido os foras da lei que extorquiam os comerciantes locais, e aproveitaram a falta de concorrência para explorar esse ramo, sob o pretexto de que apenas cobravam uma taxa justa pela proteção que ofereciam.

Conforme os lucros aumentavam, mais a ambição dos vigilantes crescia, e mais desvirtuavam o propósito para o qual foram criados. Alegavam que seria necessário mais dinheiro para que os membros pudessem viver melhor com a proteção que davam aos oprimidos, então começaram a empreender guerras se apropriando dos negócios alheios, como casas de jogo e de prostituição. Ao longo de gerações, um nome havia tomado o submundo de Edo e se alastrou para o resto do Japão e do mundo: *yakuza*. Esse é o final da estória que os gângsteres gostam de contar. Gostam de ostentar uma origem nobre e idealista esperando torná-los mais honoráveis em sua visão de si mesmos.

Para mim, esse final é trágico. Pensar que o legado de Genta tenha se invertido nas mãos de seus sucessores não é nada nobre. Ainda assim, é um exemplo de como a fronteira entre o herói e o vilão é tênue no coração de cada um. Enfim, você pode ficar com a versão que lhe falar mais alto. Afinal, eu lhe prometi que contaria a estória de um herói e das pessoas que precisam dele para falar ao seu coração. E que, na verdade, os heróis também precisam de alguém para falar ao seu coração.

EPÍLOGO

Lembra-se de que eu te perguntei sobre o porquê de gostarmos tanto dessa história do herói? Que graça teria a estória se o herói já nascesse pronto? Herói é aquele que se transforma em um. É isso que nos fascina na história, pois ninguém nasce pronto para escrever a sua própria. Para entender a personagem, é preciso entender a história, e isso não é verdadeiro para nós? Histórias são sobre caminhos, e todos nós temos de tomar um.

De todos os caminhos que já foram narrados, nenhum foi mais árduo do que o dos ancestrais de todos os humanos. Consegue imaginar o quanto a nossa existência e diversidade hoje dependeram da difícil decisão de um pequeno clã de deixar a África, em uma época em que o planeta mal tinha ouvido falar dessa insignificante espécie chamada *homo sapiens sapiens*? Imagine você naquela situação, na qual ninguém sabia nada da terra além do que os olhos podiam ver. Não existia rádio, televisão, telefones ou telégrafos. Não existiam nem mesmo mapas ou pergaminhos que dessem pelo menos uma ideia sobre o mundo desconhecido. Também não havia aviões, trens, carros, barcos, charretes nem um simples cavalo domesticado para tornar a viagem mais fácil. Não se podia também contar com bússolas, astrolábios ou lunetas para se ter qualquer dica de para onde ir. Você também não poderia se proteger com armas como tanques, metralhadoras, fuzis, espingardas, mosquetes, espadas ou escudos. Tudo o que tinha era uma lança com ponta de pedra para enfrentar o que quer que aparecesse. Enfim, você teria tido a coragem que eles tiveram de deixar as familiaridades de seu lar para se aventurar nas incertezas do inexplorado?

Não se sinta pequeno se a resposta for não, pois eles também não queriam fazer isso. O ventre da mãe é quente e aconchegante. Lá fora é frio e estranho. Mas nossos ancestrais se viram forçados a enfrentar o que era estranho quando seu mundo familiar não podia mais comportá-los. A comida, necessidade primordial da vida, já não saciava a todos. Por mais que o lugar onde nasceram, cresceram e criaram os seus filhos representasse tudo em seus corações, eles se viram forçados a decidir entre morrer no solo que conheciam ou tentar sobreviver no solo que não conheciam. Só podemos imaginar o aperto no peito ou o frio na barriga que sentiram ao tomar o caminho mais importante da história.

E então seguiram-se não uma, não duas nem dez, cem ou mil histórias, mas milhares, dando origem a todos os povos do mundo. Os descendentes daquele clã seguiram muitos caminhos, cada um sendo uma odisseia para gerações, até que os descendentes se tornassem ancestrais. Toda viagem ao novo traz seus percalços, e aqueles primeiros humanos desafiaram geleiras infindáveis que ofereciam mais a tormenta do frio do que a satisfação do alimento. Outros enfrentaram a turbulência dos mares em canoas precárias, temendo o risco de afundar para sempre antes mesmo de descobrir se havia esperança além do oceano. Houve aqueles cuja pele queimou e a língua secou sob o sol escaldante do deserto, e também os que padeceram diante das enfermidades súbitas dos pântanos e selvas.

Em todos os caminhos, as intempéries da natureza vinham acompanhadas do risco de ser rasgado pelas presas dos dentes-de-sabre, esmagado pelo enorme peso dos mamutes, ser engolido pelas mandíbulas de lagartos gigantes ou ser destroçado em vários pedaços para servir de alimento a matilhas de hienas e lobos e toda sorte de criaturas que povoariam os pesadelos daquela gente. Pense como seria para você chegar em uma terra onde teria medo até de procurar abrigo em uma caverna, pois lá dentro poderia estar um urso com quatro vezes o seu tamanho e que poderia arrancar sua pele do corpo com uma simples patada. Essa foi a experiência daqueles primeiros humanos.

Porém, eles sobreviveram. Sobreviveram e, nas noites em torno da fogueira, enquanto assavam a caça do dia, os sobreviventes contariam aos seus filhos e netos tudo o que passaram para chegar naquela nova terra. E aquela ficaria conhecida como a jornada de seu povo, passada dos mais velhos para os mais novos nas fogueiras, mantendo um elo de inspiração entre todos, até que um dia a jornada se transformaria na estória de como o mundo se criou, narrando a odisseia de deuses e semideuses que enfrentaram gigantes, dragões e ogros, e originaram os primeiros humanos, incontáveis gerações atrás. E daí por diante, todas as crenças seriam sempre acompanhadas de grandes estórias, ou será que as grandes estórias é que são acompanhadas de crenças? Talvez outra epopeia como essa só quando nossos descendentes povoarem outros planetas do universo. Mas isso já é uma outra estória...

De volta a você, que é um fruto dessa fantástica narrativa, sua vida pode não ser um desafio tão colossal quanto foi para seus antepassados, mas pode estar em uma situação na qual tudo o que você quer é sair. Ou, talvez, sinta que esteja confortável, mas estagnado, e precisa de um chacoalhão para progredir. Talvez você não esteja preocupado com a severidade da natureza, ataques repentinos de animais, dragões, ogros, guerras ou duelos com espadas, mas deve ter suas preocupações, pressões, sua solidão e a sensação de estar perdido. Provavelmente não seremos levados em uma aventura épica, por isso precisamos das estórias, para lembrar-nos de que não mudamos se não nos movermos, e se a jornada não acontecer fora, então será dentro de nós.

MAIS CEDO NAQUELE DIA...

O Japão era um país incrível, de fato. Hiroshima era uma cidade bonita, levando em consideração que já fora reduzida a cinzas pouquíssimo tempo antes, pensava distraidamente aquele turista no ônibus que se dirigia a um templo budista. Conforme o destino se aproximava, ele parou para ler novamente a carta que o trouxera até ali. A última lembrança de um importante amigo:

"*Meu caro Simon. Este é o último ensinamento que achei que você devia ter, já tendo cumprido seus estudos no Vaticano. Enquanto escrevo isso, imagino que não viverei até seu treinamento estar completo. Você deverá seguir sozinho na jornada que te reservo.*

Como eu disse, passei por uma experiência marcante no Japão, a qual comentei vagamente em algumas ocasiões. Se quiser, poderá saber mais quando chegar ao templo cujo endereço se encontra no verso desta carta. Lá ainda vive um grande amigo que fiz durante minha estada. Procure pelo monge Mashida, ele deve ter por volta de uns cinquenta anos agora, mas continua com uma saúde de ferro, pelo que me contou! Já escrevi outra carta para ele, avisando de sua chegada em breve.

Meu estimado aprendiz, você sempre manifestou uma dúvida ao longo de seu treinamento. Uma dúvida que, como homem temente a Deus, não poderia deixar de surgir em algum momento. Muito mais importante do que encontrar a cura para o mal que o aflige, seria saber o porquê de Deus tê-lo criado com isso. Sem vencer essa dúvida, creio que não conseguirá vencer esse mal. Sua sombra não é a parte da qual você tem que se livrar, e sim aceitar. Se você olha para sua sombra, é porque está na luz. Se não consegue mais vê-la, é porque já se envolveu na escuridão.

Em sua meditação, você tem atingido um estado que lhe trouxera visões que, pelo que me relatou, me remetem a uma lenda antiga e incrivelmente parecida que eu ouvira no Japão.

Achei melhor que ouvisse por si próprio quando chegasse lá. Não preciso lembrá-lo que nós representamos a Santa Igreja Católica Apostólica Romana. Somos formados em sua tradição, professamos os seus credos e somos profundamente fiéis a eles. Segundo nossa teologia, o Mal não é invenção de Deus, mas um fruto do mau uso do dom dado por Ele, o livre-arbítrio. A escolha pela renúncia ao Bem ocasiona todo o sofrimento e injustiça que vemos no mundo. Óbvio que Deus sabia que o livre-arbítrio teria tal efeito, mas não o sacrificaria, mesmo que isso criasse um mundo sem nenhum Mal. Erradicar o Mal e criar um mundo ilimitadamente bom só seria possível ao preço do livre-arbítrio. Nesse contexto temos um mundo onde o Bem e o Mal coexistem eternamente, compondo a obra da criação de maneira ao mesmo tempo imperfeita e perfeita. Será interessante, porém, você também pensar o significado do Mal pelos olhos de outra fé. Eu conheci outro ponto de vista em um momento que precisava muito.

Sua dúvida torturante, pela nossa concepção Católica, nos leva a questionar a vontade de Deus, mas olhando por outra perspectiva, e se Deus não tivesse papel em sua condição? E se tiver sido uma decisão própria sua, enquanto alma, nascer assim? Pois foi esse mal que o trouxe até mim e o colocou em um caminho que sei que você pode trilhar até o final. Quem sabe você mesmo não veio a esse mundo ciente de tudo o que iria enfrentar para completar um aprendizado inacabado? Independente da crença, a dimensão espiritual parece sempre ter leis e planos que, em nossa perspectiva mortal, são um mistério, pois o entendimento vem de outro ângulo.

Sei que o que estou sugerindo parece totalmente fora de nossa crença. E nossa teologia não comporta a ideia da chamada 'reencarnação'. Porém, minha experiência em Hiroshima, mui-

tos e muitos anos atrás, me fez repensar até que ponto não há lacunas em uma fé cujas repostas não possam ser buscadas em outra. Pois, no fim, a fé é algo pessoal, que o mortal criou para entender talvez mais a si mesmo do que às questões metafísicas.

Se nós pegássemos um homem desesperado por sentido ao ponto de pedir uma resposta aos céus, aquele que é pessimista diria que o céu nublado é um sinal de que tudo o que se pode esperar da vida são sombras. Aquele que é otimista entenderia que o sol temporariamente escondido por detrás das nuvens é o retrato das permanentes idas e vindas de nossa vida. E, claro, aquele que não crê olharia para os céus e veria apenas nuvens, sem nenhuma intenção por trás delas. Pois aquele que crê atravessaria sua existência sob uma corda bamba: iria equilibrar-se sobre uma ideia, mas a possibilidade de ela não ser real também o acompanharia durante todo o caminho.

E nós nos aventuramos na busca por um sentido e encaramos de bom grado a perspectiva de não haver nenhum, sendo a finitude e a incerteza inerentes à nossa condição. Ao término da única coisa que nos arriscamos a dizer que conhecemos, nossas vidas, juntamos todos os eventos esparsos e caóticos pelo fio condutor que chamamos de "nossa história" para então atribuir o precioso sentido ao que poderia muito bem ser apenas eventualidade. Esse sentido da história não revela nenhum fim específico, pois nem sempre a história caminha para um final determinado, um final feliz ou triste, ou uma versão melhor ou pior de nós. O que sabemos é que essa misteriosa narrativa, com todos os seus acontecimentos aleatoriamente orquestrados, nos transformou na personagem que encontramos ao final dela, e é daí que extraímos algum sentido. E tal sentido não é encontrado olhando para os céus, mas para dentro.

Você tem a liberdade de acreditar ou não, mas apenas perceba se sua dúvida permanecerá após sua estadia em um templo de outra fé. Pois a paz entre você e sua alma é o mais importante de tudo.

Adeus e que o Senhor o acompanhe.

Seu amigo e mentor,

Pe. Kennedy O'Toole."

O viajante guardou a carta em seu embrulho. O ônibus já tinha parado. Uma vez no templo, perguntou por Mashida.

— Padre Simon O'Hara? — perguntou gentilmente o anfitrião, em inglês.

— Sim — respondeu o padre.

— Vamos dar uma caminhada pelo jardim, pois a estória que tenho para lhe contar é longa, e é tão antiga quanto qualquer fé.

"Era uma vez..."

NOTAS

A ambientação histórica desse romance procurou ser a mais fiel possível. O período retratado ocorreu (tomando-se a cronologia ocidental) entre o final do século XVI e início do século XVII, que foi a passagem do período do *sengoku jidai* para o período Tokugawa. Em muitos aspectos, essa transição pode ser considerada um perfeito exemplo prático da teoria do Contrato Social de Thomas Hobbes. A lógica da narrativa hobbesiana, na qual uma sociedade pré-Estado vive em um conflito constante entre seus indivíduos até que um poder maior os encerre sob o manto de sua autoridade centralizadora, parece refletir o processo de nascimento do Japão enquanto Estado unificado. Parafraseando o célebre *Leviatã* de Hobbes: "Com isto torna-se manifesto que, durante o tempo em que os homens vivem sem um poder capaz de mantê-los todos em temor respeitoso, eles se encontram naquela condição a que se chama guerra; e uma guerra que é de todos os homens contra todos os homens (...) e a vida do homem é solitária, miserável, sórdida, brutal e curta".

Não foi uma mudança fácil. O Japão testemunhou efeitos similares ao de uma "crise econômica", tendo em vista que a guerra era um dos ramos empregatícios mais corriqueiros. Os *kabukimono*, termo genérico para gangues de *ronins* problemáticos, foram fruto direto dessa crise. Além da questão econômica, as motivações psicológicas também devem ter exercido um papel na criação dessas gangues. É um fenômeno comum que veteranos de guerra não consigam se adaptar à vida civil e ingressem em grupos que possam lhe trazer de volta um pouco da experiência do campo de batalha. Isso pode ser constatado até hoje nos Estados Unidos, por exemplo, quando é verificado um aumento no número de motoqueiros fora da lei após cada guerra. Mas conforme o ditado: "Na crise uns choram enquanto outros vendem lenços". A era Tokugawa viu a burguesia prosperar, uma vez que os tempos de estabilidade favoreceram o comércio.

Um clichê que procurei evitar neste romance era o de glorificar os samurais. A cultura tão prestigiada destes guerreiros floresceu principalmente no período Tokugawa devido a diversos fatores:

Devido à pacificação, a classe guerreira se tornou relativamente ociosa. Expressões artísticas e filosóficas encontraram seu lugar em uma época na qual o ócio produtivo levou ao refinamento.

Diferente dos tempos de guerra, quando provar seu valor em batalha poderia render a qualquer um o título de samurai, agora os *bushi* (guerreiros) não apenas eram uma classe rigorosamente definida e de título hereditário, como também detinham o prestígio de estar no topo da hierarquia do país. Surgiu então a necessidade de códigos, etiquetas e conhecimentos que os distinguissem dos demais membros da sociedade.

A fim de assegurar a estabilidade nacional, o xogunato Tokugawa proibiu a entrada de estrangeiros. Por 250 anos o Japão se desenvolveu isolado do resto do mundo, e isso favoreceu uma cultura única, na qual a classe dominante, os samurais, seguiram como a principal referência.

De maneira alguma pretendo negar a riqueza da tradição samurai, que influencia desde as artes marciais até escolas de estratégia e negócios, mas a despeito da imagem de honra, é mais provável que a sociedade japonesa da época devia vê-los como pessoas arrogantes e perigosas, para quem a vida das classes subalternas não devia importar muito. Também não é difícil de imaginar que eles deviam fazer o que quaisquer guerreiros da história faziam nas guerras: destruir e saquear vilarejos, violentar mulheres e chacinar inocentes.

Embora eu tenha me referido ao personagem de Ishimatsu como "magistrado", as atribuições de seu cargo iam além do que se esperaria de um atual juiz. Sua função abarcaria a aplicação da lei em geral, tornando-o também próximo ao que chamaríamos de "delegado".

Existe, de fato, a hipótese de que os *yakuza* tenham se originado como coalizões de civis para proteção contra os *kabukimono*, assim como há hipóteses de que eles tenham se derivado dos próprios *kabukimono*. Ambas as versões, porém, são mais populares nos círculos dos próprios *yakuza*, que também se ramificam em diversas organizações criminosas. Os historiadores, no entanto, acreditam ser mais provável que os *yakuza* tenham se originado como mascates que se envolveram em atividades ilícitas durante a era Tokugawa, principalmente o jogo. Esses mascates e jogadores eram tidos como párias na estrutura feudal japonesa. O termo "*yakuza*", inclusive, faz alusão a uma falha técnica no jogo de cartas: as cartas *ya* (oito), *ku* (nove), *za* (três), quando juntas, não valem nada, assim como eram os párias na sociedade.

Os ninjas também eram grupos ou clãs variados que recebiam uma grande quantidade de párias em suas fileiras. O fato de haver tão poucos registros históricos confiáveis sobre eles, bem como o "trabalho sujo" para o qual eram designados, reflete seu *background* obscuro e, aos olhos da época, vergonhoso. Apesar de eu ter me baseado em informações reais, muito da forma como os clãs ninjas funcionavam e operavam está aberto a especulações, motivo pelo qual muito já se fantasiou sobre eles em lendas, livros, filmes, mangás e animes. É fato que alguns ninjas tiveram conexões com piratas, um exemplo é o líder Fuma Kotaro (dadas as origens ocultas de cada ninja, muitos deles podem ter sido piratas). O recrutamento de jovens meninas órfãs também é uma prática documentada. Mochizuke Chiyome foi uma *kunoichi* que criara um exército de 300 mulheres, cujo quartel-general fingia ser um orfanato.

Outro aspecto da cultura japonesa retratado no romance foram os *youkai*. Trata-se de um termo genérico para criaturas folclóricas. Tal qual a mitologia europeia falava sobre a presença de dragões, gnomos, gigantes, trolls ou fadas nos tempos medievais, muitas lendas envolvendo seres místicos eram populares durante o feudalismo japonês. Todos os *youkais* representados na estória não apenas fazem parte da tradição, como também ficaram conhecidos no ocidente graças à cultura pop.

Sakura, sakura é uma canção tradicional do Japão que teria surgido por volta do Período Edo. Não se sabe o autor nem a data específica. Tomei a liberdade de antecipá-la para um pouco antes do momento mais provável pois achei a canção muito adequada para a personagem.

Vários personagens históricos foram citados ao longo do romance: Oda Nobunaga, Toyotomi Hideyoshi e Tokugawa Ieyasu são conhecidos como os três generais responsáveis por unificar o Japão, em um processo histórico que se inicia com o primeiro e termina com a família do último herdando o país. Miyamoto Musashi, nascido como Shimen Takezo, foi imortalizado tanto na história japonesa quanto na história das artes marciais, sendo tido como exemplo de estrategista, filósofo, pintor e escultor. Tornou-se um personagem da cultura pop japonesa, tal qual o Rei Arthur está para a cultura ocidental. Seu livro "O livro dos cinco anéis" é considerado um referencial de estratégia e um sólido guia para um código de conduta diante de situações adversas da vida. Ele também é o fundador do estilo de *kenjutsu* "Niten Ichi Ryu" (escola dos dois céus), no qual se empunha simultaneamente a espada longa e a espada curta. O leitor pode ter se perguntado também sobre as referências aos duelos contra o *dojo* Yoshioka e o espadachim Sasaki Kojirō. Ambos foram alguns dos duelos mais importantes registrados sobre a vida de Musashi. A principal biografia de Musashi é o romance homônimo de Eiji Yoshikawa, que posteriormente foi adaptado ao cinema, com o ator Toshiro Mifune no papel de protagonista, e em mangá, na famosa série "Vagabond", de Takehiko Inoue.

O Livro dos Cinco Anéis está dividido nos capítulos: O Livro da Terra, O Livro da Água, O Livro do Fogo, O Livro do Vento, O Livro do Vazio. Cada elemento carrega uma simbologia consigo, importante também para a sequência em que as obras se apresentam.

Apesar de eu ter sido cuidadoso na ambientação histórica, é importante salientar que o quadro religioso não seguiu o mesmo rigor. Embora o budismo, de fato uma das crenças mais populares do Japão feudal, tenha servido de fundamento para as reflexões do livro, há uma forte influência do espiritismo e de filosofias da Nova Era. Seria mais honesto dizer que o sincretismo de doutrinas na estória exprime uma visão em certo ponto pessoal, que, na verdade, foi a motivação por trás desse romance. Aos que quiserem conhecer a estória do padre Simon O'Hara, leiam o meu primeiro livro, *Uma tragédia de solidão*.

Este livro foi composto por letra em Adobe Garamond Pro
12,0/16,0 e impresso em papel Pólen Soft 80g/m².